"十四五"职业教育国家规划教材

本教材第四版
曾获首届全国教材建设奖
全国优秀教材二等奖

大学生职业素养训练

（第六版）

主 编 宋贤钧 周立民

DAXUESHENG ZHIYE SUYANG XUNLIAN

中国教育出版传媒集团
高等教育出版社·北京

内容提要

本书是"十四五"职业教育国家规划教材，是在第五版的基础上修订而成的。

本书共十四个单元，包括设定职业目标、学习职业礼仪、锻炼表达能力、学会时间管理、实现有效沟通、讲求团队协作、提升抗压能力、培养感恩心态、制订职业规划、掌握求职技巧、树立诚信意识、养成友善品格、增强法律意识、坚守安全底线。为了利教便学，部分学习资源以二维码形式提供在相关内容旁，可扫描获取。此外，本书另配有教学课件、教案等教学资源，供教师教学使用。

本书可作为高等职业院校职业素质教育、就业指导课程教材，也可作为职业素质教育自学者的参考用书。

图书在版编目（CIP）数据

大学生职业素养训练 / 宋贤钧，周立民主编. —6版. —北京：高等教育出版社，2024.8（2024.9重印）. ISBN 978-7-04-062812-8

Ⅰ. G717.38

中国国家版本馆CIP数据核字第20248GA794号

| 策划编辑 | 雷 芳 赵力杰 | 责任编辑 | 赵力杰 | 封面设计 | 张文豪 | 责任印制 | 高忠富 |

出版发行 高等教育出版社	网 址 http://www.hep.edu.cn
社 址 北京市西城区德外大街4号	http://www.hep.com.cn
邮政编码 100120	网上订购 http://www.hepmall.com.cn
印 刷 浙江天地海印刷有限公司	http://www.hepmall.com
开 本 787 mm×1092 mm 1/16	http://www.hepmall.cn
印 张 17.75	版 次 2024年8月第6版
字 数 276千字	2011年8月第1版
购书热线 010-58581118	印 次 2024年9月第2次印刷
咨询电话 400-810-0598	定 价 39.00元

本书如有缺页、倒页、脱页等质量问题，请到所购图书销售部门联系调换。

版权所有 侵权必究

物 料 号 62812-00

编委会

主　编

宋贤钧　周立民

副主编

王致国　刘　霞

参　编

陈兴义　赵　敏　刘宾年　吴海霞　陈　蕾　江秀华
付　强　车泽伟　武玖邦　王理宪　马鹏羲　王靖基

第六版前言

本书是"十四五"职业教育国家规划教材，本书第四版曾获首届全国教材建设奖获奖教材（二等奖）。

党的二十大报告指出："实施就业优先战略。就业是最基本的民生。强化就业优先政策，健全就业促进机制，促进高质量充分就业。"近年来，就业环境不断发生着改变，就业总量压力依然存在，但稳就业积极因素不断显现，这为大学毕业生就业带来了新挑战、新机遇，对大学毕业生的职业素养也提出了新要求。

本书自2011年出版以来，进行了五次修订再版，被全国多所高等职业院校选用，受到广大师生的广泛认可。高等职业院校学情、生源情况的不断变化，信息化教学手段应用的不断深入，对教材的内容和形式提出了新要求。为了使教学内容更加贴近实际，更好地适应线上和线下一体化教学，编者重新成立了编写委员会，结合广大师生的反馈意见，对本书进行了较大程度的修改，在案例选取、文字使用和内容分析等方面进一步加强课程思政，落实立德树人根本任务。新修订的内容更能反映新时代中国特色社会主义伟大成就，有利于推进习近平新时代中国特色社会主义思想和党的二十大精神进教材、进课堂、进头脑，也使本书的教学内容和编排方式更加切合高等职业院校开展大学生职业素质教育的需要。

本次修订，在保留上版整体特色的基础上，进行了一些优化、改进和创新。主要包括：

1. **新增了两个单元的内容，完善了新时代育人素养要求**。新增了"增强法律意识"和"坚守安全底线"两个单元的内容，旨在引导学生树立法治意识，在学习工作中做好个人安全保护和健康守护。作为职业人需要具备基本的法治思维，要认识到"互联网不是法外之地",进一步明确"自己是健康安全的第一责任人",清楚地认识到学习和运用法治思维维护自身权益的重要性。

2. 修订了部分项目案例,增强了针对性。本次修订更换了部分陈旧案例,新选案例突出"新知识、新技术、新工艺、新方法"的要求。此外,重新设计了部分项目训练的内容,希望通过修订能使本书更加贴近学生学习生活的实际,激发学生的阅读兴趣,引发学生的思考。

3. 丰富了数字化教学内容和课程资源,促进学习的主动性。为每个项目分别录制了微视频课程。统一修订了教学课件和教案,进一步完善了教学资源,实现了课堂教学和线上资源一体化。所有视频都以二维码的形式呈现,可通过移动设备扫描二维码查阅。丰富的配套资源可进一步提高学生的学习兴趣和主动性。

4. 以学习者为中心,适应云教学改革,体现易用性。为将教学内容、教学活动和教学环境有机融合,突破传统教材在内容和呈现方式上的限制,促进优质教学资源在课程中的应用,满足不同学习者个性化学习的需求,在学银在线平台上建有名为"职业素养"的配套在线课程。教师可借助数字课程的支撑,进行翻转课堂或混合式、讨论式等多种教学模式的实践,推动以学习者为中心的教学改革,提高教学效果。

由于时间和编者水平所限,书中不足之处在所难免,恳请广大师生和读者朋友批评指正。

编 者

目 录

第一单元　设定职业目标　001

项目1　为什么要设立清晰的目标…………………………… 003
　　一　项目案例：有目标，才能成功……………………… 003
　　二　项目启示：趁年轻，赶快行动，制订切实可行的目标…… 004
　　三　项目训练：找到自己的人生目标…………………… 006

项目2　选你所爱，爱你所选………………………………… 009
　　一　项目案例：我了解，我选择，不打无准备之仗……… 009
　　二　项目启示：热爱并且努力，谁都可能成功………… 012
　　三　项目训练：勇敢地说出自己的理想………………… 014

第二单元　学习职业礼仪　017

项目3　职业礼仪，进入职场的必修课……………………… 019
　　一　项目案例：礼仪，不是可以忽略的小事…………… 019
　　二　项目启示：礼仪是走向成功的"通行证"…………… 021
　　三　项目训练：快速结识，得体交际…………………… 029

项目4　工作场合，要注重服饰礼仪………………………… 030
　　一　项目案例：职业着装，应遵守规范………………… 030
　　二　项目启示：得体的服饰是建立良好第一印象的基础…… 031
　　三　项目训练：着装体现你的职业素养………………… 035

第三单元　锻炼表达能力　037

项目 5　书面表达，不可或缺的一种表达能力 ············· 039
　　一　项目案例：写给未来祖国的一封信 ············· 039
　　二　项目启示：书面表达是总结、反思、完善、提高的过程 ····· 040
　　三　项目训练：学习相关条据的撰写方法 ············· 044

项目 6　口语表达，不可或缺的另一种表达能力 ············· 045
　　一　项目案例：演讲是一门表达艺术 ············· 045
　　二　项目启示：良好的口才是职业人走向成功的必备素质 ····· 052
　　三　项目训练：努力说好话 ············· 056

第四单元　学会时间管理　057

项目 7　高效工作，愉快生活 ············· 059
　　一　项目案例：你真的很忙吗 ············· 059
　　二　项目启示：时间管理的水平高低，决定你事业和生活的
　　　　成败 ············· 062
　　三　项目训练：分析案例中的时间管理问题 ············· 064

项目 8　走出误区，遵守原则 ············· 067
　　一　项目案例：养成时间管理的好习惯 ············· 067
　　二　项目启示：做时间管理的高手 ············· 071
　　三　项目训练：计划未来五天的行程 ············· 074

第五单元　实现有效沟通　077

项目 9　沟通是工作和生活的绿色通道 ············· 079

目 录

　　一　项目案例：绘制自己的办公室沟通"地图" …………… 079

　　二　项目启示：沟通无处不在，永无止境 ………………… 081

　　三　项目训练：我说你画 …………………………………… 083

项目 10　有效沟通是一种能力 ………………………………… 084

　　一　项目案例：工作的过程就是沟通的过程 ……………… 084

　　二　项目启示：提高沟通技巧，展现个人魅力 …………… 085

　　三　项目训练：电话沟通 …………………………………… 089

第六单元　讲求团队协作　　　　　　　　　　　　093

项目 11　团队决定成败 ………………………………………… 095

　　一　项目案例：团队合作精神是事业成功的前提 ………… 095

　　二　项目启示：团队中有我，我是团队的一员 …………… 100

　　三　项目训练：解手链 ……………………………………… 103

项目 12　团队协作是一种综合素质 …………………………… 104

　　一　项目案例：打造狼性高绩效团队——华为的团队精神 …… 104

　　二　项目启示：将团队协作进行到底 ……………………… 105

　　三　项目训练：各尽所能，团结胜利 ……………………… 108

第七单元　提升抗压能力　　　　　　　　　　　　111

项目 13　有情绪，也要正确表达 ……………………………… 113

　　一　项目案例：踢猫效应和钉子事件 ……………………… 113

　　二　项目启示：管理自己的情绪，创造内心的和谐 ……… 114

　　三　项目训练：你是不是懂得驾驭愤怒情绪的人 ………… 118

项目 14　关爱自己，提升缓解压力的能力 …………………… 123

一　项目案例：绝望的驴子 …………………………………… 123

二　项目启示：提升抗压能力，锻炼抗压体质 ……………… 123

三　项目训练：分析个人的抗压临界点 ……………………… 128

第八单元　培养感恩心态　131

项目15　培养感恩的心态，是成功人生的必修课 ………………… 133

一　项目案例：感恩——人生最美的补偿 …………………… 133

二　项目启示：感恩是一种平凡而崇高的品质 ……………… 134

三　项目训练：做个懂得感恩的人 …………………………… 138

项目16　感恩才能成就事业和生命的辉煌 ………………………… 139

一　项目案例：用感恩的心去工作 …………………………… 139

二　项目启示：履行职责是发自内心的感恩行为 …………… 141

三　项目训练：学会感恩之歌——《感恩的心》 …………… 145

第九单元　制订职业规划　147

项目17　成功从选定目标开始 ……………………………………… 149

一　项目案例：目标就是力量，奋斗才会成功 ……………… 149

二　项目启示：职业规划让你赢在明天 ……………………… 154

三　项目训练：分析自我，认识自我 ………………………… 157

项目18　完美人生从职业规划开始 ………………………………… 159

一　项目案例：正确打造职业规划 …………………………… 159

二　项目启示：合理规划，积极实践 ………………………… 165

三　项目训练：规划自己的职业生涯 ………………………… 184

第十单元　掌握求职技巧　　　185

项目 19　精心设计，递出一张漂亮名片 …………………… 187

　　一　项目案例：简历不是越厚越有用 …………………… 187

　　二　项目启示：制作简历和求职信，让你赢在起跑线 …… 189

　　三　项目训练：用简历、求职信敲开企业的大门 ………… 194

项目 20　勇于挑战，积极面试 …………………………… 196

　　一　项目案例：成功的面试 …………………………… 196

　　二　项目启示：学会面试是职场成功的第一步 ………… 199

　　三　项目训练：给面试官一个录用你的理由 …………… 207

第十一单元　树立诚信意识　　　209

项目 21　信誉是做人的信条，诚信成就未来 ……………… 211

　　一　项目案例：人无信不立，业无信不兴 ……………… 211

　　二　项目启示：诚信是做人做事的基本准则 …………… 213

　　三　项目训练：诚信值千金 …………………………… 216

项目 22　弘扬诚信文化，凝聚守信共识 …………………… 218

　　一　项目案例：社会信用体系建设法治化、规范化水平

　　　　进一步提升 …………………………………… 218

　　二　项目启示：倡导诚信理念，推进社会信用体系建设 … 219

　　三　项目训练：你能做到诚信吗 ……………………… 222

第十二单元　养成友善品格　　　225

项目 23　友善是中华民族的传统美德 ……………………… 227

　　　　一　项目案例：友善应是务必坚守的初心 …………………… 227

　　　　二　项目启示：友善是一种高尚的道德情操 ………………… 228

　　　　三　项目训练：理解友善内涵，践行友善之举 ……………… 231

　　项目 24　友善待人，始于心，践于行 ……………………………… 232

　　　　一　项目案例：与人为善，从身边的小事做起 ……………… 232

　　　　二　项目启示：表达友善，需要善良，更需要尊重和方法 …… 233

　　　　三　项目训练：以实际行动践行友善价值观 ………………… 237

第十三单元　增强法律意识　　　　　　　　　　　239

　　项目 25　互联网不是法外之地 ……………………………………… 241

　　　　一　项目案例：网络不是法外之地，散布谣言小心入刑 …… 241

　　　　二　项目启示：以案为鉴，牢记教训 ………………………… 242

　　　　三　项目训练：做文明诚信的网络公民 ……………………… 246

　　项目 26　坚决遏制电信网络诈骗犯罪 ……………………………… 247

　　　　一　项目案例：诈骗层出不穷 陷阱不得不防 ……………… 247

　　　　二　项目启示：加强学习提升，防范电信诈骗 ……………… 248

　　　　三　项目训练：科学合理规避电信诈骗 ……………………… 250

第十四单元　坚守安全底线　　　　　　　　　　　251

　　项目 27　自己是健康安全的第一责任人 …………………………… 253

　　　　一　项目案例：让健康知识深入人心，让安全思维走进
　　　　　　生活 ……………………………………………………… 253

　　　　二　项目启示：拥有健康安全，方能决胜千里 ……………… 256

　　　　三　项目训练：健康安全大家说 ……………………………… 258

项目 28　坚守信息数据安全底线思维 …………………………………… 260

　　一　项目案例：树立网络安全意识　扛牢信息数据安全

　　　　责任 ……………………………………………………………… 260

　　二　项目启示：坚守底线思维，维护信息安全 …………… 261

　　三　项目训练：信息安全常识自我测评 …………………… 264

主要参考文献　　　　　　　　　　　　　　　　　　　　　**268**

第一单元 设定职业目标

在本单元你将了解制订切实可行的人生目标的重要意义；认识到只要努力奋斗，人人都能成才、成大才，进而树立远大的职业理想。扫描右侧二维码，详细了解本单元的主要内容。

单元训练目标

1. 设立目标，成就人生。
2. 树立信心，无悔选择。

第一单元
授课视频

项目 1 　为什么要设立清晰的目标

一、项目案例：有目标，才能成功

案例 1

从前，在一户人家的菜园里有一块大石头，石头埋在土里，只露着一点在外边，从旁边走过的人一不小心就会被那块石头绊倒。儿子问："爸爸，为什么不把那块讨厌的石头挖走？"爸爸回答："你爷爷小时候它就一直在那里了。它埋得那么深，不知道要挖到什么时候，有时间挖石头，不如走路小心一点。"

儿子长大后也当了爸爸。有一天他的儿子气愤地说："爸爸，把菜园那块石头挖走吧。"他漫不经心地回答说："算了吧！那块大石头埋得很深，可以挖走的话我小时候就把它挖走了，哪会让它留到现在。"他的儿子心里非常不是滋味，那块石头不知道让他跌倒了多少次了。

有一天早上，他带着锄头和一桶水，将整桶水倒在大石头周围的土地上，随后用锄头把大石头四周的泥土挖松。他早有心理准备，准备挖上几天。没想到，他几分钟就把石头挖出来了，原来这块石头没有想像得那么大，埋在土里的部分非常小，他们都是被那个巨大的外表蒙骗了。

案例 2

把鸡蛋放在一个篮子里并看好它

19世纪美国著名的作家马克·吐温写了很多文章。看到自己的作品出版后被读者抢购一空，他萌生了发财的念头。他心想与其让出版商、书商赚钱，不如自己写书、自己出版、自己卖书。于是他给自己定了一个目标：两年内变成百万富翁。这个念头一出现，他马上就付诸行动。这位大作家摇身一变成了"产、供、销"一条龙的大书商。

然而，还不到两年，自己由于不具备经商的技能和素质，债台高筑，难以维持下去。不仅书商没有做好，就连自己的"主业"写作也被荒废了。眼看着放在不同篮子里的鸡蛋一个一个被打碎了，马克·吐温果断放弃了书商的生意，专心致志地搞起了他的文学创作，一番努力后终于取得了成功。马克·吐温在回顾他走过的路时说："把鸡蛋放在一个篮子里并看好它。"

二、项目启示：趁年轻，赶快行动，制订切实可行的目标

目标管理是大学生自我管理的重要内容。通过目标管理，可以提高学习效率，明确职业方向，实现个人成长。三位砌墙工人的不同命运，充分表明，方向决定未来，没有方向就失去了努力的源泉和动力。就像足球比赛，如果方向不清，就很容易将球踢到自己的球门中，导致乌龙球的出现。南辕北辙的故事也告诉我们：无论做什么事，行动的方向必须与目标一致，才有可能达到目标。有了正确方向之后，所设定目标的层次，究竟是高、中，还是低，也会对结果产生很大的影响。就像案例1中所提到的一样，当一件事看起来很难的时候，人们会有一种恐惧感，觉得自己完成不了，所以不敢去做。这时候，最重要的是勇敢行动起来，当你树立了目标并且行动起来的时候，你会发现实现目标的过程可能并不一

定像你想得那么难。

（一）目标能导引精彩人生

"志不立，则天下无可成之事。"人没有目标，就不会努力，因为不知道为什么而努力。目标与方向主导了我们一生的命运与成就，它是指引人生不断向前迈进的导航灯。

（二）目标能调动潜在能量

明确的目标能调动个体潜在的强大能量。人一旦有了明确清楚的目标后，就会有强大的动力。研究者在一所大学中进行了一项调查研究，结果表明，有明确目标的3%的学生，三十年后他们在事业成就、幸福程度上超过了无明确目标的97%的学生的总和。这就是目标的力量。

（三）目标能激发前行动力

俗话说："志之所趋，无远弗届。"目标是我们努力的依据，也是对自己的鞭策。目标给我们一个看得见的彼岸。随着逐步实现这些目标，我们就会有获得感和成就感，我们的心态就会向着更积极主动的方向转变。有的人在行动过程中总是抱怨、愤懑、不平、委屈，负能量满满；与之相反，有的人总是笑容灿烂地说，我们正在创造奇迹、实现梦想。心中照进阳光，世界都会向你微笑。这告诉我们，做事态度的不同决定了事业高度的不同。

（四）目标能提升生命价值

通常人们处世的方式主要取决于他们怎样看待自己的目标。个体如果觉得自己的目标不重要，那么就会觉得所付出的努力没有价值；如果觉得目标很重要，那么情况就会相反。心中有了理想，我们自然就会感到生命的重要意义，如果这个理想（人生目标）又是由一个个具体的目标组成的，那么，我们就会觉得即使为目标付出再大的努力都是有价值的。一旦实现了目标，我们就会获得成就感和满足感，从而提升自身的幸福感和生活质量。

(五)目标能驱使自我完善

思想家、诗人爱默生说过,一心向着自己目标前进的人,整个世界都会给他让路!人自我完善的过程,就是不断发挥潜能的过程。每个人的智力、爱好、兴趣、水平各不相同,只有扬长避短,发挥自己的优势才能取得成功。不管是把鸡蛋放在一个篮子里,还是把鸡蛋放在多个篮子里,怎样做好,关键要看怎样做适合自己,只有适合自己的才是最好的。当我们不停地在自己有优势的方面努力时,这些优势必然会进一步得到发展。我们对成功的渴望、信心、勇气和胆量与日俱增,对目标及实现过程的清晰透彻的认识,必然使我们从容不迫,处变不惊。

三、项目训练:找到自己的人生目标

训练内容:

每个人的内心都会有梦想的种子,而且是独一无二的种子,因此每个人找到自己的目标和实现它的方法都不一样。要找到自己的人生目标,就要倾听自己内心的声音,因为它就在你的内心深处,等待着你来发现。试着回答下面的10个问题,或许能帮助你找到自己的人生目标。

1. 什么能让你笑?(事情、人、活动、爱好等。)
2. 你以前最喜欢做的事情是什么?现在最喜欢做的事情是什么?
3. 让你花费很多时间的事情是什么?
4. 做什么事情能让你觉得自己很棒?
5. 谁能让你鼓起勇气?(不管是谁都可以,家人、朋友、作家、艺术家、企业家等。)他们的哪些个性激励了你?
6. 你自己最在行的是什么?(技能、能力等。)

7. 如果别人拜托你帮忙,他们会拜托你什么事情?

8. 假如,你需要教别人一些东西,你希望你能教什么?

9. 假设,你现在有90岁高龄了,坐在你家院子的藤椅上,能感觉到春风徐徐吹拂着你的脸,你感觉到安详和幸福。你回顾你的一生,包括你获得的成就、你的人际关系。此时,你认为对你来说最重要的是什么?

10. 对你来说,哪种价值观最重要?你可以在表1-1中选择3～6个对你来说重要的词,或可以写出其他你认为重要的词。

表1-1 价值观列表

成就	好奇心	领导力	尊敬
冒险	教育	学习	业绩
美丽	玩	友情	个人发展
永争第一	家庭	服务	效率
挑战	财务自由	健康	人际关系
舒适	柔韧性	诚实	信赖
勇气	爱情	独立	安全
创造力	激励	内心的平静	成功
授权	激情	正直	灵性
环境	多样性	智慧	时间自由
快乐	亲切		

训练目的:

1. 学会独立思考。

2. 整理你的答案,探寻你自己的人生目标。这个目标可以包括三个部分:我想要做什么;我想帮助(或服务)的对象是谁;最后的结果是什么(或我要创造什么样的价值)。

第一单元　设定职业目标

训练要求：

1. 准备几张纸和一支笔。

2. 找一个安静的地方（图书馆、自习室等），把手机关掉。

3. 快速写下每个问题的答案，把看到问题之后出现在脑海里的第一个想法写出来。

4. 不要欺骗自己：这不是考试题，没有正确答案。

5. 享受这个过程，当你写答案的时候让自己保持微笑。

项目2 选你所爱,爱你所选

一、项目案例:我了解,我选择,不打无准备之仗

案例1

"蓝领专家"孔祥瑞

翻开外皮有些破旧、略带油迹的笔记本,字迹密密麻麻:"4月8日,2号装船机有自动降臂情况,立即进行检查,并考虑加装安全警示设备;4月10日,2号装船机液压缸不便于检查,考虑尝试将其移动位置……"

40多年,30多本工作日志,藏着孔祥瑞从一名"门吊司机"转变为"蓝领专家"的成长"密码"。

孔祥瑞,原本就是一个普普通通的天津港门吊司机。晕高、工作枯燥、技术难度高……种种困难让孔祥瑞曾经打过退堂鼓。是他的师傅、劳动模范金贵林的话让他坚持了下来:"现在我们天津港还小,很辛苦,但以后肯定会好起来的!我们港口可是国家进出口贸易的窗口,一定会建设成世界级大港的!"

在师傅的鼓励下,孔祥瑞选择留下,开始排除杂念学技术。

第一关是打通"知识屏障"。为了尽快掌握门机性能和操作技术,他找来门机设备使用说明书,一页页看、一条条记,直到吃透弄懂。

正是在这样的钻研中,孔祥瑞的专业技能大幅提高,由学徒成长为班长、队长、

开始独当一面,逐渐成为专家。

有一年中秋节,机器出现故障,为了不打扰其他工友过节,他和两个工友完成了需要10个人才能完成的维修任务,在吊车上爬上爬下忙活了18个小时,直到深夜。

只要功夫深,铁杵磨成针。干一行、爱一行、钻一行、成一行,他练就了"听音断病"的一手绝活儿。

1993年的一天,码头上一台门机的旋转大轴承发出异响。这可能是重大事故的前兆,如果不拆卸进行彻底检修,门机可能瘫痪;但如果拆卸后发现没有问题,企业将蒙受上百万元的经济损失。

拆还是不拆?孔祥瑞仔细听了响声说道:"是轴承坏了,必须拆卸更换!"

根据他的提议,公司找来900吨的海上浮吊拆卸旋转大轴承。拆下后,轴承正面完好无损,在场的人不由得捏了一把汗。可当轴承翻转过来,滚珠已经散落出槽……

"实践,是我们一线工人的岗位优势;在实践中学习,是我们成才的基本途径。"孔祥瑞说。

案例 2

"00后"技师生"刮腻子","刮"成世界冠军

法国当地时间10月23日下午,2022年世界技能大赛(以下简称世技赛)特别赛法国赛区举行闭幕式,浙江建设技师学院2016级建筑装饰技师班学生马宏达,经过四天的激烈角逐,摘得了2022年世界技能大赛特别赛"抹灰与隔墙系统项目"比赛桂冠,实现了该项目中国金牌"零"的突破。

世界技能大赛被誉为"世界技能奥林匹克",是世界地位最高、规模最大、影响力最大的职业技能赛事,其竞技水平代表了当今职业技能发展的世界先进水平。"以前没想过,'刮腻子'还能走上世界舞台。我非常荣幸有机会能够代表中国参赛,并且取得了金牌,真的为国争光了!"这位2000年生的浙江温州小伙说。

"抹灰与隔墙系统项目"是通过对金属框架建造和石膏板安装技术的运用,以及对隔音、隔热、防火、抹灰、装饰线条制作与安装和艺术创意等技术的运用,对轻质隔墙系统进行修建、改善和装饰的竞赛项目。这个赛事有多激烈?据介绍,误差不能超过一毫米。

冠军的取得并不简单,技能成才背后是他五年磨一剑,每天训练超过九小时的极致人生。

赛后,记者采访他。"我为这个比赛准备了五年之久,有时自我加压,每天训练时间超过九个小时。"谈及过往,马宏达感慨颇多。

2017年,17岁的马宏达因为动手能力强和绘画天赋高被推荐去参加学院的世技赛梯队选拔。当时有200多名同学参与了选拔,竞争激烈,"负责选拔的老师说,如果要来参赛就要做好吃苦的准备,成功没有捷径。这句话我一直记在心里。"于是,马宏达白天努力听课,抓住一切机会向老师请教;晚上一头扎进实训室,一遍一遍地训练,提升自己的技艺。不管严寒酷暑,每天早上八点,马宏达总是准时出现在实训室内,终日与水泥、石膏板、砖块为伴。他脚上的钢头鞋见证了他高强度的训练——这种厚五厘米的训练鞋平时一般人至少能穿一年,但马宏达因超强度训练,不到两个月就能磨破了底。

"平凡的技艺,也能成就非凡的大师和精彩的人生。"马宏达认为,在自己深耕的领域一直坚持下去,有所成就,就会成为对社会有益的人,技能人才最需要的就是坚守本心。他说:"做各行各业都是可以发光发热的,只要始终抱着一颗学习的心,认真做好自己正在做的事情,就一定会得到认可。"

二、项目启示：热爱并且努力，谁都可能成功

"业精于勤荒于嬉，行成于思毁于随。"没有一份追求卓越的执着心，我们的目标就像无根的浮萍，随波逐流，终无归宿。但只要我们拥有执着的心，坚定地走下去，就一定能克服困难，实现梦想。孔祥瑞用"干一行、爱一行，钻一行、成一行"的实践向我们证明，成功源于热爱，成于坚持。"00后"世界技能大赛冠军马宏达的极致人生，向我们昭示，成功不是一蹴而就的，需要长期的努力和积累。

（一）目标明确有方向

设立目标是人生的第一步，也是最重要的一步。目标明确，意志坚定，是迈向成功的前提。在执行目标的时候，要制订好自己的行动计划，怎样做才能更有效地完成目标，这是每个人都要想清楚的问题。从码头工人到"蓝领"专家，孔祥瑞把码头当课堂，拿着设备说明书一项一项地"啃"，不明白的就查资料、找人问，靠着勤奋和执着，摸透了不同机械设备的性能。

选你所爱的，爱你所选的。如果你对母校和所学专业没有起码的热爱，如果你对人生和理想没有无悔的选择，想有一个明确的奋斗目标，也只能是一句空话。

（二）设定目标要务实

设定目标，就是给自己一个方向。选择目标，也要量力而行。在选择目标之前，我们首先要对自己进行全面评估，了解自己的优势、劣势、兴趣、爱好等。一般来讲，设定目标应符合SMART原则，即明确的（specific）、可测量的（measurable）、行动导向的（action-oriented）、务实的（realistic）、有时间表的（timebound）。其次，目标要务实，不能好高骛远。如果目标过高，不仅难以实现，还会打击我们的自信心、影响我们的身心健康。

俗话说一口吃不成胖子。设定目标后，还要将目标进行细化和分解，制订实现每个阶段目标的具体步骤，而且必须有时限。如果没有详细的计划，即使是阶段目标也不可能实现。

（三）刻苦努力不放弃

荀子说："骐骥一跃，不能十步；驽马十驾，功在不舍。"马宏达，当初是因为动手能力强和绘画天赋高，被推荐参加学院的世界技能大赛梯队选拔。他说"既然选择了这条路，那就好好干。"然而，冠军的路并不平坦。在经历了第45届世技赛选拔赛的失利后，让他对自己和顶尖选手之间的差距有了更加清晰的认识。在第45届世技赛结束到第46届世技赛集训开始的这段时间，马宏达一刻都没有放松，坚持对自己"下狠手"，每天一练就是九个小时，日复一日。异常刻苦的努力，是他成功的重要条件之一。

树木结疤的地方，也是树干最坚硬的地方。在漫长的人生道路上，我们会遇到许多不如意、不顺利的处境。唯有拥有坚韧品质的人，才能经受任何挫折和考验。当今职场竞争激烈，关系复杂，变化多、发展快，职场新人有失败和挫折也很正常。职场中的失败和挫折容易让人产生职业倦怠感。在这种情况下，只有调整好自己的心态，积极乐观地行动，不管遇到什么样的艰难困苦，仍能秉承信念向目标努力，才有可能取得成功。只要你勇敢地面对挫折，拿出全部的精力和勇气，挫折就会被你甩在身后，你也会变得更加强大。

（四）提升素质有信心

要成为高素质的技术技能人才，就要把自己的价值体现在具有高超技艺和精湛技能、能够进行创造性劳动、为社会做出贡献上。当然，每个人都有自己的优点和缺点。我们应该客观地认识自己，正视自己的优点和缺点。但更重要的是要树立自信心，不断学习新知识、新技能，提高自身素质，适应社会发展需求。同时，还要积极参加校内外举办的各种实践活动，在实践中锻炼自己的能力。

（五）掌握技能靠学习

任何技能的习得，关键在学习。当年17岁的孔祥瑞，面对着天津港快速发展和各种新型设备层出不穷的局面，他坚持每天随身携带一个小本子，设备出现哪些故障、什么原因、修理过程、注意事项等内容都一一记录下来。在40多年的职业生涯中，孔祥瑞留下了

30多本工作日志。他常说，产业工人，干事创业要能顶得上去，琢磨技术、学习知识要能坐得下来。正是凭着这股子精气神，孔祥瑞先后组织实施了180余项技术创新，获得了16项国家专利，为企业创造直接经济效益超亿元。面对自身的不足，马宏达抓紧一切机会向书本学、向教练学，同时还默默观察身边选手的操作技艺，完善自己的操作流程。为了更好地读懂世界技能大赛的技术文件，他更是苦练英语，每天跟着项目翻译人员学习、背诵英语短句并尝试自学基础交际口语。勤学好问是马宏达成功的秘诀，也正是学习，让他完成了从"学一门手艺"到"以技能报国"的深刻转变。

世上无难事，只要肯登攀。

（六）把握机遇有准备

机遇偏爱有准备的人。中国载人航天第一人杨利伟，是从全军初选的886名最顶尖的战斗机飞行员中脱颖而出的。他历任空军航空兵某师飞行员、中队长，曾飞过歼击机、强击机等机型，安全飞行上千个小时。在正式成为我国首批航天员后，他历经五年的艰苦训练，完成了基础理论、航天环境适应性、专业技术等八大类几十个科目的训练任务，以优异的成绩通过了航天员专业技术综合考核，光荣地被选拔为我国首次载人航天飞行首飞梯队的成员，并最终被确定为中国首架载人飞船——"神舟"五号的航天员。

成功需要机遇和准备的结合。只有机遇，没有准备，我们无法抓住机遇；只有准备，没有机遇，我们也无法取得成功。只有将机遇和准备结合起来，我们才能取得成功。因此，我们要从现在开始，努力学习，不断提升自身的能力，为将来进入社会做好准备。相信，只要我们做好了充分的准备，机遇一定会降临到我们身上。

三、项目训练：勇敢地说出自己的理想

训练内容： 借助PPT进行演讲，与大家分享你的目标和行动计划。

训练目的：

1. 学习制作PPT。

2. 学会小组合作。

3. 学会欣赏他人。

4. 珍惜团队荣誉。

训练要求：

1. 按学习小组分别进行准备，制作一个介绍自己的PPT。

2. 从各小组中随机选择两名同学上台演讲，各小组代表对其进行打分、评议。

3. 在三分钟之内把自己介绍给大家，肯定自己、找出自己的优点和自己现在所拥有的资源，同时分析自己的缺点，把自己的目标和行动计划告诉大家。

4. 以小组为单位进行评比，选出优胜小组，教师点评。

5. 从班级中挑选两名同学担任整个训练活动的主持人。

第二单元 学习职业礼仪

在本单元中你将认识到职业礼仪的重要性，学习常用的礼仪规范；学习职业人的服饰礼仪，进而学会职业着装。扫描右侧二维码，详细了解本单元的主要内容。

单元训练目标

1. 掌握基本的职业礼仪。
2. 了解职场TPO原则及服饰美。

第二单元
授课视频

项目 3　职业礼仪，进入职场的必修课

一、项目案例：礼仪，不是可以忽略的小事

案例 1

外交场合中的举止礼仪

1989年5月，在戈尔巴乔夫访华前夕，邓小平同志曾指示外交部，他与戈尔巴乔夫会见时"只握手，不拥抱"，这不仅是对外交礼节的一种示意，更是对两国未来关系的定位。尼克松总统在回忆自己首次访华在机场与周总理见面的情景时说："当我从飞机舷梯上走下来时，决心伸出我的手，向他走去。当我们的手握在一起时，一个时代结束了，另一个时代开始了。"据基辛格回忆，当时尼克松为了突出这个"握手"的镜头，还特意要求包括基辛格在内的所有随行人员都留在专机上，等他和周总理完成这个"历史性的握手"后再走下飞机。

握手是件很平常的事情，但礼仪就是从细节中体现出来的。用礼仪去规范工作中的言谈举止，才能赢得他人的尊重，才能在职场上稳步前进。

项目 3 微视频

案例 2

修养也是一种宝贵的财富

有一批应届毕业生，共22个人，实习时被导师带到北京的国家某部委实验室里参观。全体学生坐在会议室里等待部长的到来。这时有秘书给大家倒水，同学们表情木然地看着她忙活，其中一个还问了句："有绿茶吗？天太热了。"秘书回答说："抱歉，刚刚用完了。"林然看着有点别扭，心里嘀咕："人家给你倒水，你还挑三拣四。"轮到他时，他轻声说："谢谢，大热天的，辛苦了。"秘书抬头看了他一眼，满含着惊奇，虽然这是很普通的客气话，却是她今天唯一听到的一句有礼貌、懂礼貌的话。

门开了，部长走进来和大家打招呼，不知怎么回事，静悄悄地，没有一个人回应。林然左右看了看，犹犹豫豫地鼓了几下掌，同学们这才稀稀拉拉地跟着拍手，由于不齐，越发显得凌乱。部长挥了挥手："欢迎同学们到这里来参观。平时这些事一般都是由办公室负责接待，因为我和你们的导师是老同学，非常要好，所以这次我亲自来给大家讲一些有关情况。我看同学们好像都没有带笔记本，这样吧，王秘书，请你去拿一些我们部里印的纪念手册，送给同学们作纪念。"接下来，更尴尬的事情发生了，大家都坐在那里，很随意地用一只手接过部长双手递过来的手册。部长脸色越来越难看，来到林然面前时，已经快要没有耐心了。就在这时，林然礼貌地站起来，身体微倾，双手握住手册，恭敬地说了一声："谢谢您！"部长闻听此言，不觉眼前一亮，伸手拍了拍林然的肩膀："你叫什么名字？"林然照实作答。部长微笑点头，回到自己的座位上。早已汗颜的导师看到此景，才微微松了一口气。

两个月后，同学们各奔东西，林然的去向栏里赫然写着国家某部委实验室。有几个颇感不满的同学找到导师："林然的学习成绩最多算是中等，凭什么推荐他而没有推荐我们?"导师看了看这几张尚属稚嫩的脸,笑道:"是人家点名来要的。其实你们的机会是完全一样的,你们的成绩甚至比林然还要好,但是除了学习,你们需要学的东西太多了,修养是第一课。"

二、项目启示:礼仪是走向成功的"通行证"

上述案例告诉我们,礼仪是修身养性、持家立业的基础。那么什么是礼仪?礼仪是指在人际交往中,自始至终地以一定的、约定俗成的程序和方式来表现的律己敬人的完整行为,礼仪的实质即"尊重人"。有的人把言行放任当潇洒,把粗鲁无礼当豪迈。许多人认为,做人做事只要大方向不错,小节上不用太认真。他们还用一句老话为自己辩护:行大事者不拘小节。但是,这句话的本意是,小原则要服从大原则,小目标要服从大目标。比如,家规要服从国法,个人习惯要服从社会规范,并不是说可以放纵自己的行为。例如乱丢纸屑乱吐痰,乱说乱动不讲礼貌,并非"不拘小节",而是缺少修养。

(一)小处不可随便

不要小看日常生活的细节,如果言行不得体,可能在不知不觉中使我们失去友谊、失去爱情、失去机会。人际交往中的许多矛盾,往往不是谁的人品存在问题,而是一句话、一件小事造成的;工作中的失败,往往不是因为谁的能力不足,而是某些不良习惯造成的。修养是一种宝贵的财富,也是一种竞争优势。

在古代,礼仪是一门专业课,每个学生必学必会,儒家"礼仪三百,威仪三千",规定了生活中的每一个行为细节。《论语》里有多处描述了孔子在日常生活中的遵礼细节。例如,他跟亲戚朋友、街坊邻居在一起的时候,一副很谨慎的样子,好像不会说话一样;他在宗庙或朝廷讲话时,口才流利、善于辞令,但神态不失恭谨;在朝廷办公事,跟下级说话时,他从容不迫,跟上级说话时,和颜悦色,如果国君在场,说话轻声细语,走路轻缓安详;

他奉命接待外宾时,满脸含笑,走路轻快,很热情的样子……孔子是故作姿态吗?不是,对一个有教养的人来说,礼仪是自己的修养,不是做给别人看的。对真正的绅士、淑女而言,礼仪就像呼吸一样,发乎自然,用不着故意装样子,更不需要当面一套、背后一套。在古代,凡是读书人,都有几分绅士风度,一眼即可看出他们的与众不同。

汉朝刘向在《说苑》中说:衣服容貌,可以悦目;声音语言,可以悦耳;喜怒爱憎,可以悦心。把这三件事记在心上,勤加训练,并运用到自己的一言一行中,则能在群体中受到尊敬。

在生活中,很多人并非不知道礼仪的价值,而是不懂礼仪规范,到了需要的时候,言谈举止难以做得恰到好处。这是一门需要专门学习的技能,必须认真对待,多下功夫,才能掌握它。

(二)个人礼仪是根本

个人礼仪是做人之本,更是我们立足、立业之本。

只有内心具备了高尚的道德情操,才能有风流儒雅的风度;只有有道德、有修养、有文化、有学识的人才能"知书达理",才能严于律己、宽以待人,自觉按社会公德行事,才能懂得尊重别人,从而赢得别人的尊重。

古人云:"敬人者,人恒敬之。"个人礼仪反映的是一个人内在的品格与文化修养。

在日内瓦会议和万隆会议上,周恩来以其卓越的才智和个人魅力,为促进我国外交工作的发展做出了历史性的贡献。他的举手投足,都展现了一个彬彬有礼、温文尔雅、和睦可亲的东方男子形象。1954年,当周恩来代表中国出现在日内瓦会议上时,他的风采,他的气质,他的落落大方、不卑不亢的外交才干令所有人为之惊叹和折服,令西方国家对新中国的总理刮目相看。在日常生活中,我们既要重视容貌、服饰与姿态的美,更要看重内在的修养,何况仪表本身就渗透着个人内在的修养,要想在社交场合风度翩翩,应从根本做起。

个人的风度举止不仅是性格特征的表现,还是一种内在涵养的表现。风度是一个人的姿态举止、言谈、作风等表现出来的美,这种美既是一种外在美,又是一个人内心美的自然流露,也就是内在美和外在美的和谐统一,正如屈原所说:"纷吾既有此内美兮,又重之以修能。"

(三)形象气质靠仪态礼仪打造

德国剧作家歌德说过:"举止是映照每个人自身形象的镜子。"在工作、社交等重要场合避免不雅的姿态、动作是职业人礼仪的必修课。

如在日常生活中我们的站姿是第一个引人注视的姿势,符合礼仪要求的站姿能衬托出优雅的气质和风度。站姿的要点是平、直、均衡而又灵活。

又如,良好的坐姿能给人以沉着、稳重、冷静的感觉,是体现素养的重要形式。坐姿的要点是"三直",即人体重心垂直向下、腰部挺直、上身正直。

这里还要重点强调一下入座和离座。

入座时应从椅子后面入座。如果椅子左右两侧都空着,应从左侧走到椅子前。不论从哪个方向入座,都应在离椅子前半步远的位置立定,右脚向后轻撤半步,用小腿靠椅,以确定位置。离座起立时,右脚要用力蹬地,要注意重心的移动过程。无论是坐是站,都要保持上身端直。

再来谈走姿。走姿是显眼的肢体语言,良好、优美的走姿能焕发出迷人的魅力,会显示出青春活力,往往最能体现出一个人的风采和韵味。走路的基本要点是平稳、走直线和从容。

表2-1对比地给出了常见仪态正确和错误的做法。

表2-1 姿态礼仪

仪 态	正 确 做 法	错 误 做 法
站 姿	挺胸、收腹、收颈、抬头、双肩放松。双臂自然下垂或在体前交叉,眼睛平视,面带笑容	双手或单手叉腰,手插入裤袋,双臂交叉抱在胸前,身体不停地晃动
坐 姿	腰背挺直,肩放松。女性应两膝并拢;男性膝部可分开一些,但不要过大,一般不超过肩宽	猛起猛坐,双腿分开,伸出很远;双手扣腿、晃动脚尖;身体不直、不正

续表

仪　态	正 确 做 法	错 误 做 法
走　姿	轻而稳，胸要挺，头要抬，肩放松，两眼平视，面带微笑，自然摆臂	走路时双手反背于背后或插入裤袋，步子太大或太小，身体乱晃
谈话姿势	双方要互相正视、互相倾听	东张西望、看书看报、面带倦容、哈欠连天

（四）职场社交礼仪的注意事项

1. 递接名片的礼仪

名片是一个人身份的象征，是人们社交活动的重要工具之一。因此，名片的递送、接受、存放也要讲究社交礼仪。

（1）名片的递送。在社交场合，递上名片是自我介绍的简便方式。递送名片的顺序一般是"先客后主，先低后高"。当给多人递送名片时，应依照职位高低的顺序进行，或是由近及远，依次进行，切勿跳跃式地进行，以免使对方产生厚此薄彼之感。递送时应将名片正面面向对方，双手奉上。眼睛应注视对方，面带微笑，并大方地说："这是我的名片，请多多关照。"名片的递送应在双方自我介绍之后，在尚未弄清对方身份时不应急于递送名片，更不要把名片视同传单随便散发。

（2）名片的接受。接受名片时应起身，面带微笑注视着对方。接过名片时应说"谢谢"，随后有一个微笑阅读名片的过程，阅读时可将对方的姓名、职衔念出声来，并抬头看看对方的脸，使对方产生一种受重视的满足感。然后，回敬一张本人的名片。如身上未带名片，应向对方表示歉意。在对方离去之前，或话题尚未结束时，不必急于将对方的名片收起。

（3）名片的索要。名片的索要可分为以下几种情况。

① 向对方提议交换名片。

② 主动递上本人名片。

③ 委婉地索要名片。向尊者或长辈索取名片时可以这样说："今后如何向您请教？"向平辈或晚辈索要名片时可以这样说："以后怎样与您联系？"

（4）名片的存放。接过别人的名片后切不可随意摆弄或扔在桌子上，也不要随便地塞在裤子口袋里或丢在包里。正确的做法应该是放在西服左胸的内口袋或名片夹里，以示尊重。

（5）发送名片的时机。

① 希望认识对方。

② 被他人介绍给对方认识。

③ 对方向自己索要名片。

④ 对方提议交换名片。

⑤ 打算获得对方的名片。

⑥ 初次登门拜访对方。

（6）发送名片时需要注意的礼仪。

① 不要用左手递交名片。

② 不要将名片背面朝向对方或是文字方向逆向对方。

③ 不要将名片举得高于胸部。

④ 不要用手指夹着名片给人。

2. 握手的礼仪

握手，是社交礼仪的一个部分。不同的握手的力量、姿势与时间的长短往往能够表达出对对方的不同态度，显露自己的个性，给人留下不同的印象。通过握手，我们也可以了解对方的个性，从而赢得交际的主动。正确的握手姿势如图2-1所示。

握手时，距对方约一步远，上身稍向前倾，两足立正，伸出右手，四指并拢，虎口相交，拇指张开下滑，向受礼者握手。

掌心向下握住对方的手，会显示一个人强烈的支配欲，这是在无声地告诉别人，他此时处于高人一等的地位。我们应尽量避免使用这种傲慢无礼的握手方

图2-1 握手礼仪

式。相反,掌心向上握手显示出一个人的谦卑和毕恭毕敬。平等而自然的握手姿态是双方的掌心都朝向自己身体左侧一方,这是一种最普通也最稳妥的握手方法。

戴着手套握手是失礼行为。在握手前需要先脱下手套,摘下帽子。当然在严寒的室外也可以不脱。如果双方都戴着手套、帽子握手,这时一般也应先说声:"对不起!"握手时双方互相注视、微笑、问候、致意,不要看第三者或显得心不在焉。

长辈和晚辈之间,长辈伸手后,晚辈才能伸手相握;上下级之间,上级伸手后,下级才能接握;男女之间,女方伸手后,男方才能伸手相握。

如果需要和多人握手,握手时要讲究先后次序,由尊而卑,即先长辈再晚辈,先老师后学生,先女士后男士,先已婚者后未婚者,先上级后下级。

在接待来访者时,这一问题变得特殊一些。当客人抵达时,应由主人首先伸出手来与客人相握。而在客人告辞时,就应由客人首先伸出手来与主人相握。前者是表示"欢迎",后者是表示"再见"。如果这一次序颠倒,则很容易让人产生误解。

当你在握手时,不妨说一些问候的话,语气应直接而且肯定,并在强调重要字眼时,紧握着对方的手,来加强对方对你的印象。

3. 乘电梯的礼仪

与熟人同乘电梯,尤其是与尊长、女士、客人同乘电梯时,乘电梯的礼仪应视电梯类别而定。进入有专人控制的电梯时,自己应后进后出;进入无专人控制的电梯时,自己则应当先进后出,先进后出是为了控制电梯。

使用自动扶梯时,不论上楼还是下楼,主人应走在前面。这样做可使主人在到达目的地后迎接并引导客人。

4. 乘车的礼仪

乘车的礼仪,主要包括乘车时的座次与礼待他人两个方面的内容。下面以轿车的乘坐礼仪为例进行说明。

(1)轿车乘坐次序礼仪。由专职驾驶员驾驶车辆时,车上最尊贵的座位是后排右座。其余座位的尊卑次序是:后排左座、前排右座(副驾驶座)。副驾驶位一般也叫随员座,通常坐于此处者多为随员、译员、警卫等。从安全角度考虑,一般不应让女士坐于副驾驶座,儿童与老人也不宜在此座就座。简而言之,即右为上、左为下、后为上、前为下。若是主人亲自开车,那么司机旁边的座位(副驾驶座)则是尊位。

(2)上下车礼仪。当主人陪同客人同乘一辆轿车时,主人应为同车的第一主宾打开轿车的右侧后门,用手挡住车门上沿,防止客人碰到头。客人坐好后再关门,注意不要夹了客人的手或衣服。然后从车尾绕到左侧为另一边的客人开门或自己上车。

如果和女士、长辈一同乘车,应请女士、长辈先上车,并为对方开关车门。抵达目的地时,主人首先下车,然后为客人打开车门。

倘若女士裙子太短或太紧不宜先上车,此时男士不必过分谦让。女士上车时,得体的方法是:先背对车座,轻轻坐在座位上,合并双脚并一同收入车内;下车时,也要双脚同时着地,不可跨上跨下,有失大雅。

5. 表情礼仪

(1)微笑。微笑应该贯穿礼仪行为的整个过程。正确的微笑要遵循八项原则:主动微笑原则、自然大方微笑原则、眼中含笑原则、真诚微笑原则、健康微笑原则、最佳时机微笑原则、一视同仁微笑原则和天天微笑原则。

(2)眼神。俗话说"眼睛是心灵的窗户",眼神更有其特殊的表现力和感染力。人在欢乐时眉开眼笑,忧愁时愁眉苦脸,沉思时凝视出神。每个人都有喜、怒、哀、乐,在与对方交谈时,应尽可能地在眼睛中表露出来,以获得对方的理解和同情,收到好的谈话效果。交谈时应该根据内容变化、情感的抑扬起伏,及时变换自己的眼神。切忌给对方一种无动于衷、呆滞麻木的感觉。

与对方交谈,视线要注视对方,当你的目光左盼右顾、东移西换时,对方就会立即感到你心不在焉、缺乏诚意或是心中有鬼。当然,注视对方不等于凝视对方,过多的凝视,往往会给对方造成心理压力。要让对方从你的视线中感受到真诚、友善、信任、尊重。切忌视线向上,这是傲慢的表示,如图2-2左图所示;视线向下,这

图2-2 两种眼神的比较

是忧伤的表示;那种得体、自然、柔和、活泼的表情,往往可以给对方一种美的享受,如图2-2右图所示。

(3)不同场合的注视区间。

公务注视区间:指在进行业务洽谈、商务谈判、布置任务等谈话时采用的注视区间。范围是两眼至前额上部的区域,如图2-3所示。

社交注视区间:指人们在普通社交场合(如舞会、茶话会)采用的注视区间。范围是以两眼为上线,以下颌为顶点所连成的倒三角形区域,如图2-4所示。

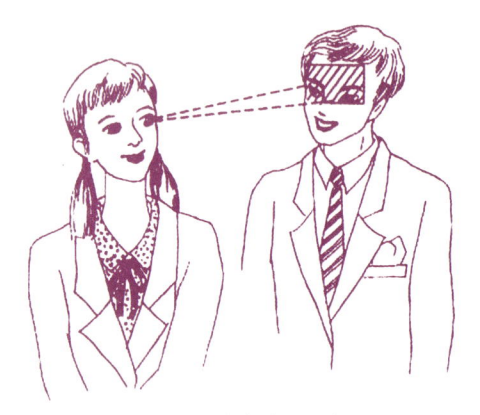

图2-3 公务注视区间

图2-4 社交注视区间

著名诗人泰戈尔曾在其作品中写道:"在眼睛里,思想敞开或是关闭,发出光芒或是没入黑暗,静悬着如同落月,或者像急闪的电光照亮了广阔的天空。"研究表明,在人的视觉、听觉、味觉、触觉和嗅觉等感受中,唯独视觉感受最为敏感,人由视觉感受到的信息占总信息量的87%,所以孟子才说:"存乎人者,莫良于眸子。眸子不能掩其恶。胸中正,则眸子瞭焉;胸中不正,则眸子眊焉。听其言也,观其眸子,人焉廋哉。"在汉语中用于描述眉目表情的成语就有很多个,如眉飞色舞、眉目传情、愁眉不展、暗送秋波、眉开眼笑、瞠目结舌、怒目而视。这些成语表明人的七情六欲都能从眼睛这个神秘的器官内显现出来。

三、项目训练：快速结识，得体交际

训练内容：

分组自行创设主题商务情境活动，并向全班同学表演。

训练目的：

1. 学会介绍自己和上司（领导）。

2. 学会姿态、握手、交换名片等基本礼仪。

3. 掌握并遵守健康、文明的社交礼仪。

4. 知礼、守礼，塑造良好的个人形象。

训练要求：

1. 按学习小组，分别设计一个情境，由小组成员上台表演，时间5分钟。

2. 情境中应更多地包含职业礼仪的相关要素。

3. 情境的设计思路要流畅、具有故事性。

4. 上台表演者礼仪举止要规范、得体，态度要认真。

5. 表演结束后，各组长介绍本组设计思路和表演特点，并用一两句话表达自己对礼仪的感悟。

6. 根据整体表现分组打分，并由组长点评其他小组表演的优缺点。

7. 在总分中教师打分占50%，组长打分占50%。

项目 4 　工作场合，要注重服饰礼仪

一、项目案例：职业着装，应遵守规范

案例 1

郑伟的会面

郑伟是一家大型国有企业的总经理。有一次，他获悉有一家著名的德国企业的董事长正在本市进行访问，并有寻求合作伙伴的意向。他于是想尽办法，请有关部门为双方牵线搭桥。让郑总经理欣喜若狂的是，对方也有兴趣同他的企业进行合作，而且希望尽快与他见面。到了双方会面的那一天，郑总经理对自己的形象刻意地进行了一番修饰，他上穿夹克衫，下穿牛仔裤，头戴棒球帽，足蹬旅游鞋。无疑，他希望自己能给对方留下精明强干、时尚新潮的印象。

然而事与愿违，郑总经理自我感觉良好的这一身时髦的"行头"，却偏偏坏了他的大事。

案例 2

小庞的工作与生活

小庞，某高校文秘专业高才生，毕业后就职于一家公司做文员。为适应工作

需要,上班时,她毅然放弃了"清纯少女妆",化起了整洁、漂亮、端庄的"白领丽人妆":不脱色粉底液,修饰自然、稍带棱角的眉毛,与服装色系搭配的灰度高偏浅色的眼影,紧贴上睫毛根部描画的灰棕色眼线,黑色自然型睫毛,再加上自然的唇型和略显浓艳的唇色,虽化了妆,却好似没有化妆,整个妆容清爽自然,尽显自信、成熟、干练的气质。

但在公休日,她又给自己来了一个大变脸,化起了久违的"青春少女妆":粉蓝或粉绿、粉红、粉黄、粉白等颜色的眼影,彩色系列的睫毛膏和眼线,粉红或粉橘的腮红,自然系的唇彩或唇油,看上去娇嫩欲滴,鲜亮淡雅,整个身心都倍感轻松。

心情好,自然工作效率就高。一年来,小庞以自己得体的外在形象、勤奋的工作态度和骄人的业绩,赢得了公司同仁的好评。

二、项目启示:得体的服饰是建立良好第一印象的基础

通过以上案例,大家应该明白了在特定场合,穿着得体、适度的人,能给人留下良好的印象,而穿着不当,则会损害自身的形象。正规场合坚持"穿衣戴帽各有所好"是行不通的,大学生要端正对服饰的认识。服饰具有极强的表现功能,在社交活动中,人们可以通过服饰来判断一个人的身份、地位、涵养。服饰可以提升一个人的仪表、气质,得体的服饰是一种内在美和外在美的统一。

(一)服饰本是一种艺术

穿衣服,适合自己的就是最好的。要针对自己与生俱来的肤色、发色等身体基本特征和个人身材轮廓等总体风格特点,认真比较,为自己找到最合适的服饰颜色、款式、搭配方式等,使自己的穿着更和谐、更具美感、更具有个性。

服饰文化发展到今日,完美的搭配比单件的精彩更为流行。不管是颜色、款式的搭配,还是饰物的选择,和谐才是最好的。一件漂亮的服饰不一定适合所有的时间、地点、场

合。因此，我们在着装时应该考虑到时间、地点和场合这三方面的因素。着装的时间原则，包含每天的早、中、晚时间的变化，春、夏、秋、冬四季的不同和时代的变化；着装的地点原则是指环境原则，即不同的环境需要与之相适应的服饰打扮；着装的场合原则是指符合场合气氛的原则，即着装应当与当时、当地的气氛融洽协调。

因此，我们要借助服饰，创造出一种衣着得体的感觉。不论是高矮胖瘦，年轻的还是年长的，只要根据自己的特点，用心地去选择适合自己的服饰，总能找到最适合自己气质的服饰。

另外，在职场上，职业服饰并不意味着抹杀个性，社交场合更要树立个人形象。不同的人由于年龄、性格、职业、文化素养等各方面的不同，自然就会形成各自不同的气质，我们在选择服装时，必须深入了解自我，正确认识自我，选择适合自己的服饰，尽显自己的风采。

（二）职场TPO原则

TPO原则，是服饰礼仪的基本原则，即着装要考虑到时间（time）、地点（place）、目的（object）。时间是指日期、季节、时代。在不同的日期、季节、时代要穿不同的服装。地点是指地方、场所、位置、职位。位置不同，身份不同，所处的场所和地方不同，着装应有所不同。目的是指目标、对象。根据交际目标，以及具体的交际对象的不同，应选择不同的服装。

TPO原则的含义，是要求人们在选择服装、考虑其具体款式时，应当兼顾时间、地点、目的，力求自己的着装与着装的时间、地点、目的协调一致。

（三）职业人的服饰之美

现代职业人在职场中所选择的服饰，一定要合乎身份，素雅大方，不应有悖人们的常规审美标准。职业人在工作场合所选择的服饰，其色彩宜少不宜多，图案宜简不宜繁，切勿令其色彩鲜艳抢眼、图案繁杂不堪。在经费允许的条件下，职业人应尽量选用质地精良的服饰。正装一般应选用纯毛、纯棉或高比例含毛、含棉面料，忌用劣质低档的面料。现代职业人服饰的款式,应以素雅庄重为基本特征,若款式过于前卫、招摇,则与现代职业人的身份不符。现代职业人的服饰虽不必选择名牌货、高档货,但对具体做工应予以重视。若做工欠佳,则必定有损职业人的整体形象。

在讲究美观的同时,职业人在选择服饰时也不应对雅致有所偏废。如果要做到服饰高雅脱俗,一方面应以朴素大方取胜,另一方面则应文明得体。具体来说,主要应注意以下"五忌"。

(1)忌过分炫耀。现代职业人在工作之中所佩戴的饰物,应当以少为妙。不提倡现代职业人在工作场合佩戴高档的珠宝首饰,或是过多数量的金银首饰,不然便有张扬招摇之嫌。

(2)忌过分裸露。在工作中,现代职业人的着装不应过分暴露自己的躯体。不露胸、不露肩、不露背、不露腰、不露腿等"五不露",便是对现代职业人着装的基本要求。此外,不使内衣外露,也不应内衣长、外衣短。

(3)忌过分透视。现代职业人在正式场合的着装,不应过于单薄透明,即在任何时候,都不应穿能看到内衣的外衣。

(4)忌过分短小。现代职业人的衣着,不应以短小见长。在任何正规场合,背心、短裤、超短裙、露脐装等过分短小的服装,都难登大雅之堂。

(5)忌过分紧身。选择过分紧身的服装,意在显示着装者的身材,而现代职业人在工作之中显然是不适合选择这样的服装的。

(四)男士穿着西装的要领

西装本身具有严谨的结构和特有的穿着规则,不同于日常生活服装穿着随意。选择的西装款式应偏稳重大方,切忌过于新潮、花哨,否则会给人轻佻、不成熟的感觉。

西装的颜色,应随着季节的变换而不同,冬季宜偏深色,夏季则偏浅色,用于表现出稳重大方的特质。西装一定要烫得笔挺,这样才能更好地突出人的神态,给人以精力充沛、做事干练的感觉。

西装的扣子是绝对不能全部扣上的。如果是两粒扣的,只能扣上面的一个;如果是三粒扣的,那么只能扣上面的两个。

西装讲究"宁长勿短",袖口要长于里面衬衫袖口1厘米左右。背部的长度以遮住臀部3～5厘米为宜。

西装领带的长度以不触及皮带为宜,裤长要适中,标准的西裤长度为站立时裤管正好盖住皮鞋口。西装的外口袋什么都不能放,哪怕是一张纸。有的人喜欢在胸前的口袋里放一支笔,这也是不符合礼仪要求的。

此外,男士穿着西装还应注意以下几点。

(1)在正式场合,应穿西装、打领带,穿深色皮鞋、深色袜子。

(2)遵守"三个三"原则。

① "三色原则":全身衬衣、领带、腰带、鞋袜不要超过三个色系。

② "三一定律":鞋子、腰带、公文包要一个色系。

③ "三大禁忌":忌穿白袜子、忌穿夹克衫打领带、忌不拆袖子商标。

(五)女士着装要领

女士着装要领如表2-2所示。

表2-2 女士着装要领

项 目	要 领
头 发	整洁;与工作要求相符;饰品合适
上 衣	已熨烫整齐
包	质量、样式、颜色合适
裙 子	无皱褶;长短合适
长 袜	颜色合适
化 妆	给人健康、整洁的感觉;不过于鲜艳
衬 衫	干净整齐,无斑点、褶皱
手	指甲长度合适;指甲油的颜色不过于鲜艳
皮 鞋	已擦拭;颜色、样式合适

女士着裙装应注意以下三忌。

（1）一忌在正规场合穿黑色皮裙。

（2）二忌光腿不穿袜及穿黑色丝袜。

（3）三忌出现三截腿,即裙子一截、腿一截、袜子一截。

三、项目训练：着装体现你的职业素养

训练内容：

正装穿着训练。

训练目的：

1. 学会正确穿着职业装,举止优雅、言谈得体。

2. 男生学会领带的一般打法。

3. 女生学会基本的服饰搭配。

4. 体会正确着装也是对他人的一种尊重。

训练要求：

1. 上课前提前穿好职业装。

2. 分组向全班同学展示。

3. 依据整体形象（穿着、走姿、言谈等）评选出每组穿着最佳的同学一至两名。

4. 请被评选出的同学谈谈对个人着装的认识和想法。

第三单元 锻炼表达能力

在本单元你将认识到书面表达能力和口语表达能力的重要性。学会常用的书面及口头表达技巧，让你在职场更自信地展现自己。扫描右侧二维码，详细了解本单元的主要内容。

单元训练目标

1. 提高书面表达能力，特别是应用文写作能力。
2. 锻炼口头表达能力。

第三单元
授课视频

项目 5　书面表达，不可或缺的一种表达能力

一、项目案例：写给未来祖国的一封信

亲爱的祖国：

您好！

您是我深深爱着的祖国——中国。"大风泱泱，大潮滂滂，洪水图腾蛟龙，烈火涅槃凤凰。文明圣火，千古未绝者，唯我无双；和天地并存，与日月同光。"穿越未来的时空，我看见了您，带着自信，闪耀着万丈光芒。您看起来是那样的伟大而壮阔，让我感到骄傲和自豪。

未来的您一定更加灿烂而美丽！

夜幕降临，一辆辆新型汽车在空中驰骋，那些空中闪烁的霓虹灯好像隔了一层透明的玻璃，分外柔和。又像渗入了水雾，晶莹而湿漉漉的，一团团悬在半空中，忽而明，忽而灭，好像梦幻一般飘忽迷离。那些大大小小的车辆隐于夜的苍穹里，只剩下一盏盏雪白的车灯，汇成了一条通往银河的溪流，流进了远处浩渺星空的海洋。

随着科技的发展，我国已研制出了低成本开采可燃冰的技术，可燃冰代替了传统能源，祖国已经变成了一个无污染的绿色大国。那曾经风沙呼啸的戈壁荒漠，如今已变成了片片绿洲，远处的雪山上冰川晶莹，在阳光的照耀下如水晶般灿烂耀目。那环绕着雪山的一泓碧波，宛如镶嵌于白虹玉锦上的绿松石，高贵神秘，不可

知、不可近。风里夹杂着温暖的泥土气息,蜿蜒千里的冰川流水汇于壶口,翩然孤傲的大鹏展翅于天地,几尾鱼游弋在清澈的湖水中。

是的,这就是未来灿烂而美丽的祖国!

未来的你一定更加伟大而富强!

鲜艳的五星红旗,飘荡于屹立在太空的空间站上;一艘艘巍峨的航空母舰在暴风雨中守卫海防;万里长城,细细诉说中华民族的不朽脊梁。纳米技术、量子科技已融入医学、农业、生产、教育等各个方面。手术成功率高达99%,农业生产力大幅提高,免费医保与教育已经普及全国。全息投影、智能机器人成为人们生活必不可少的助手。每一个孩子都能在阳光下快乐成长,每一位工作者都能在自己的岗位上为祖国奉献,每一位老人都能安享晚年。几十年的发展,东方巨龙昂首长吟,唱响了世界的永恒强音!

是的,这就是未来伟大而富强的祖国!

"少年智则国智,少年强则国强"。未来更加富强的祖国需要年轻人的建设,请祖国放心,我们一定会不畏困难,勇往直前,披荆斩棘,祖国的锦绣河山而努力奋斗!

最后,为未来的祖国献上我最诚挚的祝福:

祖国,壮哉! 泱泱古国巍巍中华,纵有千古横亘八荒,悠悠千载前程浩浩!

祖国,美哉! 山河日月与国无疆,筚路蓝缕来日方长,砥砺前行屹立东方!

此致

敬礼!

二、项目启示:书面表达是总结、反思、完善、提高的过程

看完这封信,相信每个人都会被感动,这就是文字的力量。可见书面表达能力的重要性。

所谓书面表达，就是写文章；书面表达能力，就是写作能力。对于同学们来说，尤其需要加强应用文写作能力。应用文是应用写作的表现形态。有学者认为，应用写作是写作学的一个重要分支。所谓写作，是人们在感受、认识客观事物的过程中，用语言符号把思维结果有选择地记录、表达出来的创造性的精神劳动。应用文写作，是以处理有关具体事务、解决实际问题为目的的写作。

应用文是人类在长期的社会实践活动中形成的一种文体，是人们传递信息、处理事务、交流感情的工具，有的应用文还用来作为凭证和依据。随着社会的发展，人们在工作和生活中的交往越来越频繁，事务也越来越复杂，因此应用文也就越来越重要了。应用文是各类企事业单位、机关团体和个人在工作、学习和日常生活等社会活动中，用以处理各种公私事务、传递交流信息、解决实际问题，具有实用价值/格式规范、语言简约的多种文体的统称。

（一）应用文写作能力需要训练

1. 应用文写作的注意事项

应用文写作能力需要通过训练才能提高。在应用文写作中，我们应该注意以下四个方面。

（1）写作目的明确。

应用文是为实现特定目的而写的，因此写作应用文的动因十分明确。

（2）语言表达规范。

写应用文要使用规范的现代汉语（可适当采用一些古语词汇），文章的语言庄重、简洁、严密，这一点和文学作品形成了鲜明的对比。

（3）格式体例稳定。

大多数应用文已经形成了稳定的通用格式和体例，这体现了其规范性和严肃性，撰写者在拟写时必须遵守格式体例的要求。

（4）时间要素明确。

应用文所针对的事务一般是在一定时期内有效的，因此执行时间、有效期和成文日期等时间要素非常明显。

2. 应用文写作的要点

那么该怎样提高自己的应用文写作能力呢？有以下三个要点值得注意。

(1) 以理论为指导。

应用文写作的理论对应用文写作实践有直接的、具体的指导作用。掌握其理论，正确认识各类应用文的特点和写法，无疑会有助于我们进行写作实践。但是有的人存有一种偏见，认为实践性强的课程就不必学习理论，只要苦练，就能掌握要领。很多事实证明，不学习理论，就难以提升理论水平，实践起来，容易走弯路，事倍功半。有的人学习理论，不与实践相结合，把它束之高阁，想都不去想它，那么理论就什么作用也没有了。有的人上课，记完笔记，下课再也不看了，也属于这类问题。我们要把知识化为己有，需要认真掌握其基本概念，理解本门课程的理论框架，熟悉重要的例文，把握其中的规律，这样才能将知识转化为能力。

(2) 以例文为借鉴。

应用文写作的学习需要经历模仿、熟悉、自如三个阶段。在应用文写作训练中，阅读例文、模仿例文写作是第一步；熟悉应用文的格式，领悟应用文的写作思路是第二步；反复练习，最终达到写作自如是第三步。因此，对例文的分析和模仿是学习应用文写作的重要途径。例文分析可以使我们从中领悟具体的写作规律。典型例文可以帮我们开阔思路、掌握写法，反面例文可以使我们吸取教训、总结经验。

(3) 以训练为中心。

将应用文写作知识转化为写作能力，主要依靠有目的、有计划的写作训练。尽管写作能力是各种知识的综合体现，但有重点地针对应用文的特点进行训练，对于掌握应用文的基本写作方法是十分有效的。只学习理论不动笔训练，是无法提高应用文写作水平的。

(二) 掌握常见应用文的写作要点

常用应用文的写作要点如表3-1所示。

表3-1 常用应用文的写作要点

应用文	要点
书信	称呼：第一行顶格写，后用冒号 正文：另起一行空两格。一般先写问候语，再写主要内容 结尾：写祝颂语 署名：写在另起一行的偏右处 日期：写在署名下一行
通知	标题：第一行居中写明"通知"或"关于××的通知" 称呼：换行顶格写明被通知方的名称，后用冒号 正文：另起一行空两格写通知内容 署名：正文下一行的右下方写发出通知的单位或组织 日期：写在署名下一行
启事	标题：第一行居中写明"××启事" 正文：另起一行空两格写启事内容。有些内容则不应写得太具体明确，如"招领启事"中有关失物的详情，以防冒领 结尾：写明署名、日期
申请书	标题：第一行居中写明"申请"或"×××申请" 称呼：换行顶格写接收申请书的单位名称或领导姓名，后用冒号 正文：另起一行空两格写申请内容 结尾：写表示敬意之类的专用语，以及署名、日期
广播稿	要通俗、口语化，简洁明了，生动活泼，音调和谐。新、快、短
新闻	标题：是新闻内容的提要 导语：开门见山，简明扼要地写出新闻事实或中心 主体部分：具体展开事实的叙述或进一步突出中心。基本要素是时间、地点、事件等。内容必须真实，要"用事实说话"
请假条	标题：第一行居中写明"请假条" 称呼：换一行顶格写，后用冒号 正文：另起一行空两格写请假内容，交代请假原因、请假起止时间等。署名，日期
倡议书	发出倡议的根据、目的、原因、具体内容和具体事项。结尾写出倡议书的决心和期望、署名、日期
请柬	封面：包括"请柬"二字及活动名称 背面：顶格写被邀请者的姓名（或单位名称） 正文：主要交代活动内容（如庆祝会、联欢会）及活动时间、地点等。最后应署名邀请者（或单位）的名称及发请柬的时间。语言上除要求简洁、明确外，还要措辞文雅、大方和热情

三、项目训练：学习相关条据的撰写方法

训练内容：根据内容进行相关条据的撰写。

训练目的：

1. 学习请假条的写法。

2. 学习留言条的写法。

3. 学习借条的写法。

4. 学习收条的写法。

训练要求：

1. 小张的哥哥结婚，小张想请假5天回家帮忙，请为小张写一张请假条。

2. 你向吴斌借了1 000元，答应一个月后还他。请你写张借条。

3. 请以你个人的名义，向一个曾经帮助过你的人或团体写一封感谢信。

4. 以小组为单位评分，计入每个人的成绩。总分中教师评分占60%，学生组长评分占40%。

项目 6　口语表达，不可或缺的另一种表达能力

一、项目案例：演讲是一门表达艺术

案例 1

二〇二四年新年贺词

国家主席 习近平

大家好！冬至阳生，岁回律转。在这辞旧迎新的美好时刻，我在北京向大家致以新年的祝福！

2023年，我们接续奋斗、砥砺前行，经历了风雨洗礼，看到了美丽风景，取得了沉甸甸的收获。大家记住了一年的不易，也对未来充满信心。

这一年的步伐，我们走得很坚实。疫情防控平稳转段，我国经济持续回升向好，高质量发展扎实推进。现代化产业体系更加健全，一批高端化、智能化、绿色化新型支柱产业快速崛起。粮食生产"二十连丰"，绿水青山成色更足，乡村振兴展现新气象。东北全面振兴谱写新篇，雄安新区拔节生长，长江经济带活力脉动，粤港澳大湾区勇立潮头。中国经济在风浪中强健了体魄、壮实了筋骨。

这一年的步伐，我们走得很有力量。经过久久为功的磨砺，中国的创新动力、发展活力勃发奔涌。C919大飞机实现商飞，国产大型邮轮完成试航，神舟家族太空接力，"奋斗者"号极限深潜。国货潮牌广受欢迎，国产新手机一机难求，新能源

汽车、锂电池、光伏产品给中国制造增添了新亮色。中国以自强不息的精神奋力攀登，到处都是日新月异的创造。

这一年的步伐，我们走得很见神采。成都大运会、杭州亚运会精彩纷呈，体育健儿勇创佳绩。假日旅游人潮涌动，电影市场红红火火，"村超""村晚"活力四射，低碳生活渐成风尚，温暖的生活气息、复苏的忙碌劲头，诠释了人们对美好幸福的追求，也展现了一个活力满满、热气腾腾的中国。

这一年的步伐，我们走得很显底气。中国是一个伟大的国度，传承着伟大的文明。在这片辽阔的土地上，大漠孤烟、江南细雨，总让人思接千载、心驰神往；黄河九曲、长江奔流，总让人心潮澎湃、豪情满怀。良渚、二里头的文明曙光，殷墟甲骨的文字传承，三星堆的文化瑰宝，国家版本馆的文脉赓续……泱泱中华，历史何其悠久，文明何其博大，这是我们的自信之基、力量之源。

中国不仅发展自己，也积极拥抱世界，担当大国责任。我们成功举办中国-中亚峰会、第三届"一带一路"国际合作高峰论坛，一系列主场外交迎来五洲宾朋。我也访问了一些国家，出席了一些国际会议，会晤了不少老朋友、新伙伴，分享中国主张，深化彼此共识。世事变迁，和平发展始终是主旋律，合作共赢始终是硬道理。

前行路上，有风有雨是常态。一些企业面临经营压力，一些群众就业、生活遇到困难，一些地方发生洪涝、台风、地震等自然灾害，这些我都牵挂在心。大家不惧风雨、守望相助，直面挑战、攻坚克难，我深受感动。辛勤劳作的农民，埋头苦干的工人，敢闯敢拼的创业者，保家卫国的子弟兵，各行各业的人们都在挥洒汗水，每一个平凡的人都作出了不平凡的贡献！人民永远是我们战胜一切困难挑战的最大依靠。

明年是新中国成立75周年。我们要坚定不移推进中国式现代化，完整、准确、全面贯彻新发展理念，加快构建新发展格局，推动高质量发展，统筹好发展和安全。要坚持稳中求进、以进促稳、先立后破，巩固和增强经济回升向好态势，实现经济行稳致远。要全面深化改革开放，进一步提振发展信心，增强经济活力，以更大力度办教育、兴科技、育人才。要继续支持香港、澳门发挥自身优势，在更好融入国家发展大局中保持长期繁荣稳定。祖国统一是历史必然，两岸同胞要携手同心，共享民族复兴的伟大荣光。

我们的目标很宏伟，也很朴素，归根到底就是让老百姓过上更好的日子。孩子的抚养教育，年轻人的就业成才，老年人的就医养老，是家事也是国事，大家要共同努力，把这些事办好。现在，社会节奏很快，大家都很忙碌，工作生活压力都很大。我们要营造温暖和谐的社会氛围，拓展包容活跃的创新空间，创造便利舒适的生活条件，让大家心情愉快、人生出彩、梦想成真。

当前，世界上还有一些地方处在战火硝烟之中。中国人民深知和平的珍贵，我们愿同国际社会一道，以人类前途为怀、以人民福祉为念，推动构建人类命运共同体，建设更加美好的世界。

此时此刻，夜色斑斓，万家灯火。让我们一起，祝愿祖国繁荣昌盛、世界和平安宁！祝愿大家福暖四季、顺遂安康！

谢谢大家！

案例 2

此 生 无 悔

黄旭华

我们国家自行研制核潜艇是在一穷二白的基础上，为了突破帝国主义、资本主义国家对我们的包围、封锁（而研制的）。为了早日掌握好核潜艇的研制技术，我们国家曾经寄希望于苏联"老大哥"的技术援助。1959年国庆10周年,赫鲁晓夫——苏联部长会议主席来到中国,我们国家政府再一次地向他提出研制核潜艇的技术问题。赫鲁晓夫在他的回忆录上有这样几句话:中国要研制核潜艇简直是异想天开。他傲慢地拒绝了中国的要求,说核潜艇技术复杂、要求高、花钱多,你们中国没有水平,也没有能力来研制核潜艇。毛主席一听非常气愤。赫鲁晓夫在他的回忆录上是这么讲,说他,那指的是毛主席啊,愤怒地站了起来,挥动他巨大的手掌,说:"你们不援助算了,我们自己干!"

我们寄希望于苏联"老大哥"援助的梦想完全破灭。这年10月底,毛主席在同周总理、聂荣臻还有罗瑞卿等(在)研究发展尖端武器的时候,毛主席就发出了誓言说:"核潜艇要搞,搞一万年也要搞出来!"就是这句话也坚定了我和我的同志们献身核潜艇事业的人生走向。

我原来从小的志愿是学医,想当一名好医生,继承我的父母的意愿——治病救人。我小学毕业的时候,正好"七七事变"爆发了,沿海城市的学校大多被迫停办了,为了求得一个比较能够安下心来读书的地方,我和我的同学们不顾交通的困难,徒步走了四天山路,脚都起了血泡。

哪知道日本鬼子轰炸更是频繁,每一次警报一响,我和我的同学都得被逃难的人潮挟搂着往城外的山洞里面跑。这一天如果是警报不解除,那么这一天就得整整地在山洞里面挨饿一天。一股非常屈辱的怒火在我身上燃烧起来,我想为什么日本鬼子敢这么猖狂,想登陆就登陆,想轰炸就轰炸?为什么我们中国老百姓不能生活在自己的土地上,却要四处逃难、妻离子散?为什么我们中国这么大的土地,我却连一块可以安下心来读书的地方都没有?什么道理?这正是因为中国太弱了,弱国就要受人家的欺凌,受人家的宰割。

怎么办?我不学医了,我要学航空,学造船,将来我要制造飞机保卫我们国家的蓝天;或者我要制造军舰,抵御外国从海上进来的侵略。

我生长在海边,对海有更深刻的情结,同时为了抵御帝国主义的海上侵略,权衡之下,我进了上海交大造船系。1958年,国防科委刚刚组建,聂荣臻元帅就向中央呈报了关于开展研制导弹核潜艇的请示报告,首批只有29个人,平均年龄不到30岁,挑起了我们国家核潜艇的开拓任务。我有幸是29个人当中的一个,从那个时候开始一直到现在,我没有离开过核潜艇的研制领域。

进了研制领域之后,我们面临的困难不仅仅是国家的科学技术水平和工业生产能力低弱的问题,对于我们来说,更大的困难是我们没有这方面的人才,一个也没有。我们缺乏这方面的专业知识,我们手上没有任何可以参考的技术资料。我们开始很简单地设想,核潜艇大概就是常规动力潜艇加上一个反应堆就是了,其实完全不然。怎么办?我们考虑来考虑去,决定从调查研究入手。在浩瀚无边的报纸杂志里面要去寻找世界保密控制很严的核潜艇资料,大海捞针。我们把零零碎碎的资料经过分析、整理,最终汇总成美国核潜艇的总体布局。但是这个东西到底有多少分量可以确信,我们心中无底。

正好在这个时候,我们弄来了两个美国华盛顿号导弹核潜艇的儿童玩具模型,我们高兴极了,把这个模型多次肢解,拆了又装,装了又拆。我们发现这两个模型同我们搜集到的资料基本上一样,这就大大地增加了我们的信心。没有条件,或者条件不具备,怎么办?我们的办法叫作骑驴找马。驴没有马跑得快,但是没有马了,只有驴,那你只能骑驴找马,边走边找,边走边创造条件。如果连驴也没有,那就迈开双腿也得上路,绝不等待。

就以计算手段来说,那个时候哪像今天啊,一秒钟多少亿次的计算机。我们手上有的只是算盘和计算尺,算盘加计算尺,先打起来。为了(使)计算的结果准确可信,我们只好分两组同时进行,这两组计算的结果,如果你得五,我得八,不一样,那么不是你错,就是我错,或者我们两个都错。怎么办?从头再来,一直要算到两个组的最后结论一样,我们才相信你这个计算是准确了。我们的同志硬是咬紧牙关,没有怨言。

你们大概也晓得,船的重量跟重心是确保船建成后的不沉性跟稳定性(的关键因素),为了确保在生产建造当中,它的重量、重心(能够)严格地控制在我(的)设计当中,我们的土办法,就是在船台的入口处放了一个磅秤,凡是拿进船台的,不管是什么都一一过秤,登记在案。施工过程当中那些边角余料,那些多余的管道电缆,凡是拿出船台的,也都一一登记。几年来,我们天天这样子,我们同志称之为"斤斤计较"。

新型号的潜水艇在研制的最后阶段,交付海军使用之前,都必须进行极限深度的深潜试验。深潜试验,它是一个风险性很大,考验性很大的试验。一张扑克牌大小(的面积)要承受一吨多海水压力,任何一条焊缝,任何一条管道,任何一个阀门,承受不起海水压力,都会造成艇毁人亡的后果。美国有一条王牌核潜艇,叫作"长尾鲨号",1963年在做一次深潜试验的时候,还不到两百米就沉没海底了,160个官兵没有一个生还。乘试人员担心像美国(的潜艇官兵)一样一去不复返,思想波动较大,有个别人给家里写了信了,说:我们要出去执行任务,万一回不来,有这样那样未了的事情,请家里代为料理。其实就是遗书。

我们的设计留有足够的安全系数,试验过程我们规定的程序是一个深度、一个深度慢慢下降。十米、五米、两米,然后是一米一米地往下探,绝不蛮干,因此安全是有保证的。我有充分的信心,但我也十分担心,担心是不是还有哪一些超出我的知识范围之外,(还有)我还没有认识到的潜在危险。我们没有经验,那么怎么办?我说我跟你们一道下去!我下去,不仅仅可以稳定人心,可以鼓舞士气,而更重要的是在整个深潜过程当中,如果出现了一些不正常的现象,我可以协助艇上(人员)及时地采取措施,避免恶性事故的扩大。我是总(工程)师,不仅仅要为这条艇负责,更重要的是要为艇上170个乘试人员的生命安全负责。

当这个深度仪的指针指向了极限深度的时候,艇长说了,各个岗位严格地把你们周边的情况好好检查一下。(在)没有问题(的)情况之下,我们(的)艇开始上浮了,一直上浮到100米这个安全深度,突然间全船骚动起来,跳跃啊、握手啊、拥抱啊,有些同志都哭了,大家神情非常激动。艇上的快报要我提几个字,我又不是诗人,我又不会写诗,但是现场的情况激动得我灵感一来,我拿起笔写了几个字:"花甲痴翁,志探龙宫。惊涛骇浪,乐在其中。"

我们把"自力更生、艰苦奋斗、无私奉献、大力协同"四句话十六个字归纳为核潜艇精神,就是这四句话激励着我们核潜艇阵线广大员工知难而进、奋勇拼搏。

大家都清楚,世界上(的)高新尖端技术,尤其对于核潜艇技术,都(被)列入国家最高级别的机密。我们刚刚参加工作的时候,领导再三向我们强调,一定要确保国家的机密(安全),不容许泄露你们的工作单位。要隐姓埋名、默默无闻,当无名英雄。而且进了这个领域,就得准备干一辈子。如果你犯了错误怎么办?犯了错误也不能走,可以在里面打扫卫生。1958年,我从上海上调北京,走前领导只告诉我:你出差北京,帮助工作。我行李也没有带,一到北京,我就被留住了。我的父母多次地写信问我:你在北京哪一个单位?你到北京去干什么工作?我一直闭口不答复。慢慢地,我也同他们的关系淡化了。

1987年,上海《文汇月刊》有一篇题目为《赫赫而无名的人生》长篇的报告文学,比较详细地介绍了中国核潜艇总设计师的人生经历。我把这份报告文学寄给我的母亲,这篇文章永远只提黄总设计师,没有具体的名字。但是他提了一个,他提了黄总设计师的夫人李世英的名字。我母亲一看,文学里面所报告的黄总设计师,就是三十年没有回过老家,而被弟妹们误解为不要家,忘记了养育他的父母,不孝的三儿子,我是老三。虽然我母亲,她一直深信她的儿子(是)大学学生不可能忘了养育他的父母,但是三十年一直没有回家,她难免也有怨言。我听我的妹妹讲,我母亲是一而再、再而三地阅读这篇文章,是满脸泪水呀,我母亲终于自豪不已了。她在痛心之余也自豪,她把我的弟弟妹妹们,还有她的子孙们召集过来,只说了一句话:"三哥的事情,大家要理解,要谅解。"知儿莫若母,母亲这句话传到我的耳朵,我哭了。有人问我忠孝不能双全,你是怎么样理解的?我说对国家的忠,就是对父母最大的孝。

我们核潜艇阵线(的)广大员工,他们呕心沥血、淡泊名利、隐姓埋名,他们奉献了一生最宝贵的年华,还奉献了终身。如果你们要问他们这一生有何感想,他们会自豪地说:这一生没有虚度。再问他们你们对此生有何评述,那他们会说:自己是中华民族的儿女,此生属于祖国,此生属于事业,此生属于核潜艇,此生无怨无悔!

(黄旭华,舰船设计专家、核潜艇研究设计专家。长期从事核潜艇研制工作,开拓了中国核潜艇的研制领域,是中国第一代核动力潜艇研制的创始人之一,被誉为"中国核潜艇之父",为中国核潜艇事业的发展做出了杰出贡献。主持完成中国第一代核潜艇和导弹核潜艇研制,分别获1985年和1996年"国家科学技术进步奖"特等奖。2014年被评为"感动中国十大人物"。2020年获国家最高科学技术奖。本文为黄旭华在中央电视台《开讲啦》节目中的演讲词。)

二、项目启示:良好的口才是职业人走向成功的必备素质

当今时代,经济迅猛发展,竞争日趋激烈,人际交往频繁,信息传播加快。不论是开幕致辞,还是主持会议;不论是商务宴请,还是商务谈判;不论是争取合作,还是接受采访,都需要演讲与沟通表达的能力。

演讲是交换信息的有效途径,是扩大联系的好机会,是求知学习的好渠道,是锻炼口才的好方法。所有这些都说明,演讲是一种"武器",使用它可以使自己取得竞争优势;演讲是一条途径,通过它可以培养能力,增强勇气;演讲是一种智慧,应用它可以使自己变得更加机智果敢,幽默诙谐。人们听了精彩的演讲可以获得理性的启迪,知识的拓展,

思想的升华,情感的愉悦。

演讲又称演说,是一门综合性的艺术,是语言的一种高级表现形式。它是通过艺术的手段表达出语言的基本意思,是一种有计划、有目的、有主题、有系统的视听信息传播手段。它可以使与你见解一致的听众更坚定其原有的观点,同时,又可以使持有不同见解的听众改变其原有的思想观点,心悦诚服地接受你的观点。

本书通过七个方面来简要介绍如何提高自己的演讲水平。

(一)演讲前要做好准备,没有准备则演讲难以成功

所有能够克服紧张心理的方法中,有一个方法尤其有效,那就是做充分、周全的准备。如果演讲前没有做充分的准备,其紧张情绪自不待言。这种紧张感是下意识的,但是对于胸有成竹的演讲者而言却知道演讲无须紧张。充分的准备是演讲成功的根基和前提。事前做足功夫,演讲即可十拿九稳。准备工作能驱散心头的紧张,将你的演讲稿打磨成一篇精雕细琢的杰作。

演讲前的准备包括两个方面,第一是材料的准备,第二是预讲的准备。

作为演讲前的准备,请大家要牢记十六字原则:深入实际、内容具体、适合听众、有的放矢。

演讲,一定要心中有话、有故事对人们说,而且这些话、这些故事首先要能打动自己的。演讲,就是要打动人,如果连自己都打动不了,那怎么能打动得了别人。一定要找出能打动自己的话和故事对大家讲。

(二)努力克服紧张情绪,克服紧张就在一瞬间

每个第一次上台演讲的人都会紧张,但不要以为有经验的人就不会紧张。心理学家曾在三千人当中做过一次心理测验:你最担心的是什么?令人吃惊的是:约40%的人认为最令他们担心的,也是最痛苦的事是在大庭广众前讲话,而死亡则排在第二位。担忧自己在讲台上的表现是大多数人的烦恼。马克·吐温在第一次演讲时口中像塞满了棉花,脉搏快得像争夺田径赛跑奖杯似的;印度前总理英迪拉·甘地初次演讲时"不是在讲话,

而是在尖叫"；被誉为"世纪演讲家"的英国前首相温斯顿·丘吉尔初次演讲时心窝里似乎塞着一块冰疙瘩。

演讲时我们之所以会紧张是因为我们太希望成功了，想表现得出色。初次演讲感到紧张是正常的，如果不紧张，可能就是我们无心求胜，这样反而会带给我们的演讲更大的风险。

一般来说，在演讲时出现恐惧紧张有七大原因，分别是：自卑、准备得不够充分、完美主义怕出错、"恐高"、太在意听众的看法、对听众不熟悉和听众人数多。而要想克服紧张心理则有三个方法：一是建立自信；二是准备充分；三是适应变化。

究竟该如何克服紧张心理呢？一般来说，自信暗示法、提纲记忆法、目光训练法、呼吸调节法、调整动作法、专注所说法、预讲练习法等都是克服紧张心理较为有效的方法。

（三）要使演讲有吸引力，要从头到尾紧紧抓住听众的注意力

要抓住听众的注意力，就要做到"三要"：开场白要有吸引力、内容要丰富饱满、结尾要耐人寻味。

作为演讲者，不管你准备了多少演讲内容，演讲最初30秒左右的开场白是最重要的。不要小看这短短的开场白，它将决定此后你所说的每一句话的"分量"。听众将根据你给他们留下的第一印象来决定是否继续耐心听你的演讲。因此，只有独具匠心的开场白，以其新颖、奇趣、敏慧之美，才能给听众留下深刻印象，才能立刻控制场上的气氛，在瞬间吸引听众注意力，从而为接下来顺利演讲搭梯架桥。

开场白，顾名思义，就是一开场所说的话。开场白开得不好就等于白开场，就像人与人见面第一印象非常重要一样。俗话说：好的开始是成功的一半。开场白应达到三大目的：一是拉近距离，二是建立信任，三是引起兴趣，为下面的演讲做好准备。开场白的类型主要有：奇论妙语式、自嘲幽默式、即景生题式、故事笑话式、制造悬念式、引经据典式、开门见山式、巧问问题式。

演讲的主体必须有重点、有层次、有中心语句。演讲主体的层次安排可按时间或空间顺序排列，也可以平行并列、正反对比、逐层深入。由于演讲材料是通过口头表达的，为了便于听众理解，各段落应上下连贯，段与段之间有适当的过渡和照应。要做到观点鲜

明、感情真挚、语言流畅、深刻风趣。在演讲过程中要注意通俗易懂、生动感人、准确朴素、控制篇幅。

结尾是演讲内容的收束。它起着深化主题的作用。人们记忆最深刻的是他们最后听到的内容，但部分演讲者不愿意在结尾上花费心思，他们仅仅是轻描淡写地草草收场，结果可想而知：费尽口舌发表的长篇大论很快就被人们遗忘了。要想使人记忆深刻，结尾必须像开场一样气势磅礴，掷地有声。演讲的结束语应该简洁有力。有六种主要的结尾方法，每种方法可以单独使用，也可以配合起来使用，他们分别是：总结式、号召式、故事式、幽默式、对联式、诗词式。

（四）积极应对演讲中的各种突发事件

在演讲过程中，面对意外和突发事件有四大法则需要同学们记住：可以脸红，但是不能心慌；不要轻易辩解；勇于自我解嘲；随机应变。

（五）要让演讲有感染力，让你的有声语言魅力四射

在演讲中最佳的有声语言应该是：准确清晰，即字音准确清楚，语气得当，节奏自然；清亮圆润，即声音洪亮清澈，铿锵有力，悦耳动听；富于变化，即区分轻重缓急，随感情变化而变化。

（六）对态势语言要有准确的控制

态势语言是指演讲者的姿态、动作、手势、表情等，它是辅助有声语言来表达思想和感情的。运用态势语言要注意三点：第一，演讲中动作、手势，甚至一颦一笑都要和演讲内容紧密配合；第二，要自然、真诚，不要为了做动作而生硬地举手、伸拳；第三，不能不动，也不能多动、乱动。

（七）保持良好的立体形象

立体形象即听众能够看到的演讲者的最直观的形象。它包括演讲者的衣冠、发型、

举止、神态等。整个形象的好与差,直接影响着听众的心理及演讲者思想感情的传达。演讲者要想给听众好的印象,应该注意穿着朴素、自然、得体,其举止应该大方、优雅。

三、项目训练:努力说好话

训练内容: 综合训练

训练目的:

1. 学会观察细节。
2. 学习演讲的基本知识。
3. 提升自信,展现自己。

训练要求:

1. 模拟就业面试现场,完成一次完整的、与众不同的自我介绍,时间不少于两分钟。
2. 参加国家普通话水平测试,尽量使成绩不低于二级甲等。
3. 发表一次演讲。演讲要能激发同学们的兴趣,具有感染力。
4. 演讲者要有充足的自信心,举止得体、声音洪亮。

第四单元 学会时间管理

在本单元你将认识到自己并不是那么"忙",进而走出误区,学会并习惯时间管理,有效掌控自己的时间和事业。扫描右侧二维码,详细了解本单元的主要内容。

单元训练目标

1. 养成时间管理的好习惯。
2. 学会时间管理的方法。

第四单元
授课视频

项目 7　高效工作，愉快生活

一、项目案例：你真的很忙吗

案例 1

你真的很忙吗

我们身处一个异常忙碌的社会，似乎每个人都非常忙碌。实际上，所谓忙碌的人有三种。一种是尚未学会管理自己时间的人，这种人常常会感觉要被近乎疯狂的时间表逼疯；第二种是已经学会应对与取舍的人；第三种则是假装忙碌的人，因为他们似乎已经把忙与成功、闲与失败联系到了一起。

"你很忙吗？"经常被当作寒暄的话，但很少有人意识到需要重视它背后的"时间管理"。很多时候，时间管理不是被视为一种初级技能，就是被归入励志的范畴，认为主要是精神因素在起作用。

现在，我们必须给予时间管理应有的重视。可以说，时间管理的重要性至少等同于战略、创新、领导力这些管理议题，甚至比这些更为重要。

接下来，我们不是讨论具体工具和细节，而是关注时间管理的一个重要前提与三个关键问题。实际上，由于时间管理是每天都要进行的活动，复杂的工具只会让人们望而却步。瓶颈管理的提出者高德拉特对所有复杂的解决方案都心存怀疑："复杂的解决方法是行不通的。"只有直达问题核心，也就是聚焦于关键问题，才能

第四单元　学会时间管理

进行有效的时间管理。

时间管理的一个重要准备任务是"了解你的时间是怎么花掉的"。为什么要这样做无须解释，但它可能会被认为是一个非常简单的任务，认为简单回想一下就可以了。需要强调它的原因正在于此，对于这个问题，我们的"想象"和"现实"常常有很大的差异，甚至完全不同。

记录你的时间是怎么花掉的，是时间管理的开始，但它绝不是一次性的任务。在整个时间管理过程中，我们可能需要不断地重新记录，以便了解最新的时间使用情况，譬如一个月专门挑一天来记录当天的时间使用情况。按照某些时间管理工具的要求，有的人能够坚持每天以15分钟为间隔记录时间使用情况，这有它的益处，但是，这样做或许花了太多时间在"磨刀"上了，记录过于频繁的时间表也会让人感到巨大的压力，带来负面影响。

什么事是必须做的？这是时间管理的第一个关键问题。时间管理的错误做法基本上都可以归结为，把时间花在那些不是必须做的事情之上。对组织来说，最重要的是要让员工知道什么是重要的、必须做的任务，也就是说，什么是用来衡量他们绩效的标准。对个人来说，这个问题可解释为"我能够为组织做出什么贡献"。

找出最重要的一件事，然后去做。有个比较接近的通俗化说法是"重要的事先做"。一位著名的商业人士以他的丰富经历非常肯定地说："我还没有碰到过哪位经理人可以同时处理两个及以上的任务，并且仍然保持高效。"

如何看待他人？时间管理的第二个关键问题是关于"人"的。许多时间管理方法教管理者学会授权，让别人去分担你的事情。实际上，在时间管理中，许多人倾向于把别人当成自己提高效率的资源，或者障碍、干扰。它带来的问题就是，我们倾向于控制他人，让他们按照我们的要求做事，或者要求他们不要妨碍我们做事。可惜，他人是控制不了的，这种方式无法真正起作用。我们应该更关注与别人一起工作带来的其他东西，譬如新知识、人际关系。在时间管理中，我们必须随时自问,我们是如何看待他人的。

如何统筹规划出整块的时间?对管理者和专业人士来说,他们常常需要整块整块的时间去完成重要的任务,譬如思考重要决策或写一份报告。这些任务通常正是刚才提到的那些"为组织做出的贡献"。在完成这些任务的过程中间不能被打断,因为每次被打断,都需要很长的时间才能重新进入深度思考与完全工作的状态。

如何在繁忙的时间表中统筹规划出整块的时间以便完成这些任务是时间管理的第三个关键问题。一些成功的企业管理者每年会抽出几周时间使自己处于完全的封闭状态,完全脱离日常事务的烦扰,思考一些对公司、技术非常重要的问题。只要意识到有这个需要,我们一定有办法安排好各种事务,分配出大块的时间以便完成这些最重要的任务。最简单的方法就是,在某一天把办公室门关上,把其他事情都推到一边,这可能带来一些小小的麻烦,但与完成任务做出的贡献相比微不足道。

我们在每天的工作中会感受到,有效的时间管理是我们最缺少的东西之一,缺少它的原因不是因为缺乏时间管理工具,而是我们没有真正重视它。我们需要做的是,重视时间管理,记录我们的时间使用情况,然后思考三个关键问题:什么事是必须做的、如何看待他人、如何统筹规划出整块的时间。

案例 2

鲁迅先生珍惜时间的故事

鲁迅能成功,有一个重要的秘诀,就是珍惜时间。

鲁迅12岁在绍兴读私塾的时候,他的父亲正患着重病,两个弟弟年纪尚幼,鲁迅不仅经常上当铺、跑药店，还得帮助母亲做家务。为了不影响学业，他必须做好精确的时间安排。此后，鲁迅几乎每天都在挤时间。

他说过，时间就像海绵里的水，只要挤总是有的。鲁迅喜欢读书、写作，对于民间艺术，特别是绘画，也很喜爱。因此，他总是挤出更多的时间来培养自己的兴趣爱好。他一生多病，工作条件和生活环境都不好，但他每天都要工作到深夜。

在鲁迅的眼中，时间就如同生命。他说："时间就是性命。倘若无端的空耗别人的时间，其实是无异于谋财害命的。"

因此，鲁迅最讨厌那些"成天东家跑跑、西家坐坐，说长道短"的人。在他忙于工作的时候，如果有人来找他聊天，即使是很要好的朋友，他也会毫不客气地对人家说："唉，你又来了，就没有别的事好做吗？"

二、项目启示：时间管理的水平高低，决定你事业和生活的成败

以上内容启示我们，感到时间少的原因，可能在于没有有效利用时间。学会时间管理是很必要的。人生最宝贵的两项资源，一项是头脑，一项是时间。无论你做什么事情，即使不用脑子，也要花费时间。因此，时间管理水平的高低，决定你事业和生活的成败。

（一）认识时间管理

什么是时间？本单元所讲的时间是指个体生命存在的过程。"时"表示过程全部；"间"则指把这一过程划分出的不同阶段。

时间的特性是：供给没有弹性，无法蓄积，无法取代，无法失而复得。

（二）时间就是生命

英国博物学家赫胥黎说得很形象："时间最不偏私，给任何人都是一天24个小时；同

时时间也最偏私,给任何人都不是一天24个小时。"时间不可以缺少,时间不可以替代,时间不可以存储,时间不可以增减,但时间可以管理。时间对个人来说就是每一个人生命的全过程,时间对所有的人都是平等的,不管什么人,每天都会拥有24个小时。我们要学会规划,学会进行有效的时间管理,从内心深处找到生命的价值。人们往往只重视生命,乐于理财,而忽略了时间管理。善用时间,实际上就是善用自己的生命。

在职场上,习惯时间管理,是职业素养的一个基本要求。时间管理追求的目标是在我们实现个人效益和社会效益的同时,还能够享受更加舒适的生活。生活中你如何看待时间,如何运用时间,完全是心态和心境的反映。良好的时间管理,是一种非常好的习惯。时间管理的基本思路就是让自己活得更快乐、更高效,基本目的是自己能够有意识地掌控自己的生命。

(三)管理时间就是管理自己

每个人都希望自己的生命有意义,都希望家庭幸福、身体健康、工作满意、人际关系和谐,希望生命充满喜悦,但是应该怎么做,才能实现人生的目标呢？如果你浪费时间,你可能就得不到健康、好的家庭,在工作上也没有好的发展,甚至在人际关系上也会处于紧张状态,人生目标也难以实现。所以你必须思考如何管理时间。

管理好自己的时间,让自己的时间增值,同时还要让自己更有成就感,这是时间管理追求的目标。大部分人抱怨他们的时间不够,抱怨他们的事情做不完。可见,对每一个有成就的人来说,时间管理是他们生活中很重要的一项工作。

时间管理的重要性往往被我们所忽视,事实上时间管理是人生中最重要的一项工作,管理好了时间就是管理好了自己。如果每天你能够节省2个小时,一年就能节省730个小时！

(四)拖延是一种恶习

在高效率工作者眼里,工作时间是以分或秒为单位来计算的。一些学者研究发现用"分"计算时间的人,比用"小时"计算时间的人,实际可利用的时间更多。所以说度量时间应该有一个正确的标尺,只有这样我们才能充分利用时间,才能快速、高质量地完成工作。

拖延并不能使工作任务消失或减少,也不会让问题变得简单起来,它只会使问题更复杂,给工作造成更大的损害。任务在拖延之下,会由小变大,仿佛滚雪球一般,执行起来也就变得更加困难。"明日复明日,明日何其多",拖延会腐蚀人的意志和心灵,耗费人的能量,使人的潜能发挥不出来。一个习惯拖延的人会陷入一种恶性循环之中,那就是"拖延—低效能—情绪困扰—拖延"。一个人只要允许自己一次拖延,就很容易次次拖延,直到把拖延变成一种积重难返的习惯,对此习以为常,自然难以成功。

职业专家认为,喜欢拖延的人没有安全感,他们害怕失败,不敢面对现实,对工作没有明确的认识;不会排定工作的优先顺序,不愿意承担责任;逃避工作,甚至依赖他人。

要想停止拖延,就要明白最好的行动时机就是现在,不要把工作拖到下一秒钟。立即行动吧!做管理时间的达人,你的执行力就会得到提高,业绩就会越来越出色。立即行动吧!改掉拖延的恶习,这种态度会帮你减少困难和阻碍,进而帮助你取得成功!

(五)莱金原则

一位企业家曾向其管理顾问艾伦·莱金请教如何在工作时间内做好更多的事?艾伦·莱金把一张白纸给他,并说:"请写下明天必须做的事,并按照重要性排列先后次序。"随后要求他第二天一上班就先从最重要的那项工作做起,直至此项工作完成为止,然后再着手第二项工作,即使着手进行的那项工作需要花掉一整天的时间,也要坚持下去,养成自己每天从最重要的工作开始做的习惯。这位企业家试行后,果然效果显著。

这就是著名的"莱金原则",即把时间用到最重要的事情上去。

三、项目训练:分析案例中的时间管理问题

> **训练内容**:通过分析案例,学习如何进行时间管理。
> **训练目的**:认识时间管理的重要性。

训练要求： 分学习小组讨论这两个案例，最后由组长代表本小组发言，其他小组可以点评。通过互动加深对时间管理的认识。

案例 1

"新任务导向型"的小张

小张下午在做PPT的时候，同事过来说："我们待会开会讨论一下给客户的提案吧。"小张看看PPT，觉得可以开完会再做，就去开会了。等开完会，重新打开PPT的时候，就在回想：刚才做到哪里了？

想到一半，这个时候领导打来电话："给我准备几份公司材料的复印件。"小张赶紧就跑去复印机那里，给领导复印资料。

小张这样忙忙碌碌，等到下班的时候PPT还没有做完，只好等别人下班之后，加班工作。

案例 2

"高效完成导向型"的小李

小李学习过时间管理，下午在做PPT的时候，同事说："我们待会开会讨论一下给客户的提案吧。"

小李说："我的这个PPT今天下午一定要提交，我大约还要一个小时才能完成。

第四单元 学会时间管理

现在两点,我们三点开会,好吗?你可以把要讨论的议题和建议列出来,到时候我们节约讨论时间。"大多数会议都没有紧急到连一个小时都不能协调,同事也就同意了。

小李继续做PPT,这个时候领导打来电话:"给我准备几份公司材料的复印件。"小李问:"什么时候要?"领导说:"明天我见客户要带着。"小李说:"好的,我下班前给您送过去。"然后在待办事项上记录下这个任务,继续做PPT。

三点钟,小李的PPT基本做完,还差一点收尾。他记下要收尾的内容计划,然后去开会,开完会顺便给领导复印了资料。离下班还有半小时,他完成了PPT最后的收尾工作。

思考:看完这两个案例,你有什么感受呢?如果对号入座,你的做事方法更接近小张还是小李?案例中小张的时间管理出了什么问题?你认为应该怎么改进?

项目 8　走出误区，遵守原则

一、项目案例：养成时间管理的好习惯

案例 1

墨 菲 定 律

墨菲定律是由美国某空军基地的上尉工程师爱德华·墨菲提出的。它的主要内容是说事情如果有变坏的可能，不管这种可能性有多小，它都会发生，也就是我们常说的"怕什么，来什么"。在时间管理上，墨菲定律体现为每项工作所花费的时间一定会比你想象中的长。你会发现，如果你把时间计算得非常紧凑，那紧急时刻一定会出差错。而一旦出现了意外的情况，就会对你原本的工作计划造成影响，甚至会打乱生活的节奏。所以，如果你想做好时间管理，千万记得留出足够的空闲或弹性时间，以便应对突发情况。

虽然墨菲定律无法完全避免，但我们可以采取一些措施以尽量降低其发生的概率。首先，提在开始任务之前，充分了解任务的复杂性和难度，并制订详细的计划，根据潜在的问题和意外情况制订备用方案。其次，在进行任务难度和时间评估时，保持客观和谨慎的态度，通过更加全面和深入的分析和研究，更准确地评估任务的复杂性，避免低估难度。再次，通过建立良好的沟通渠道和团队合作，及时共享信息，以便更好地协调任务执行过程中的各个环节，从而解决问题。最后，保持

积极的心态和自信是应对墨菲定律的关键,通过积极面对问题和挑战,专注于解决方案,可以减少焦虑和负面影响,增加成功的可能性。

可见,虽然无法完全避免墨菲定律的发生,但通过合理的计划、准备和积极的态度,人们可以最大程度地减少出错和遇到挫折的概率。

案例 2

华为时间管理培训内容节选

(一)时间管理的误区

误区之一:工作缺乏计划

工作中缺乏计划,将导致如下恶果:目标不明确;无法养成进行工作归类的习惯;缺乏按轻重缓急做事的顺序性;没有时间分配的原则。

原因:

(1)因过分强调"知难行易"而认为没有必要在行动之前多做思考。

(2)认为不做计划也能获得实效。

(3)不了解做计划的好处。

(4)因计划与事实之间难以完全一致,故对做计划丧失信心。

(5)不知如何做计划。

误区之二:组织工作不当

组织工作不当主要体现在以下几个方面:职责权限不清,工作内容重复;事必躬亲;沟通不畅;工作时断时续。

其实每个人的精力都是有限的,尤其是管理者应当学会授权,将主要的精力和时间放在更重要的事情上。

误区之三：时间控制不够

我们通常在时间控制上容易陷入下面的陷阱：习惯拖延时间；不擅处理不速之客的打扰；不擅处理无端电话的打扰以及泛滥的"会议"困扰。

误区之四：整理整顿不足

以办公桌为例，办公桌的杂乱无章与办公桌的大小无关，因为杂乱是人为的。因此有人说：杂乱的办公桌会显示杂乱的心理。

误区之五：进取意识不强

人最大的敌人就是自己。有些人之所以能够让时间白白流逝而毫无悔痛之意，最根本的原因就是他个人缺乏进取意识，缺乏对工作和生活的责任感和认真态度。主要表现在以下几个方面：个人态度消极；做事拖拉，找借口不工作；做白日梦；工作中闲聊。

(二)时间管理的六项基本原则

原则之一：明确目标

目标激励我们奋勇向前。在人生的旅途上，没有目标就好像走在黑漆漆的路上，不知往何处去。虽说目标能够激励我们奋勇向上，但是，对许多人来说，拟定目标实在不是一件容易的事，原因是我们每天忙于日常工作，已透不过气，哪里还有时间好好思考自己的将来。但这正是问题所在，有些人就是因为没有目标，才使自己每天忙碌而无成效，这是一个恶性循环。

另外有些人没有目标，则是因为他们不敢接受改变，与其说安于现状，不如说没有勇气面对新环境可能带来的挫折与挑战，这些人很难有所成就。

事实上，随波逐流，缺乏目标的人，永远没有淋漓尽致地发挥自己潜能的机会。因此，我们一定要做一个目标明确的人，生活才有意义。

原则之二：有计划、有组织地进行工作

所谓有计划、有组织地进行工作，就是把工作目标正确地分解成具体的工作计

划，采取适当的步骤和方法来执行计划，最终达成工作目标的过程。这通常会体现在以下三个方面。

（1）将有联系的工作进行分类整理。

（2）将整理好的各类事务按流程或轻重缓急加以排列。

（3）按排列顺序进行处理。

原则之三：分清工作的轻重缓急

处理事情优先次序的判断依据是事情的"重要程度"和"紧急程度"，我们可以按"四象限"法则处理事务。

原则之四：合理地安排时间

时间管理也遵循"八二"原理：避免将时间花在琐碎的多数问题上，因为就算你花了80%的时间，你也只能取得20%的成效。所以，你应该将时间花在重要的少数问题上，因为掌握了这些重要的少数问题，你只需花20%的时间，即可取得80%的成效。我们很容易陷入大部分时间用来处理日常琐碎事情的陷阱中。能够有效进行时间管理的人，总会确保最关键的20%的活动具有最高的优先级。

原则之五：与别人的时间取得协作

任何组织，不论大小，都有其周而复始的节奏性、周期性，而我们作为社会或是团体组织中的一员，毫无疑问要与周边的人发生一定的联系。在这种情况下，我们需要互相尊重对方的时间安排，也就是说要与别人的时间取得协调。

原则之六：制定规则、遵守纪律

无规矩不能成方圆，因为有纪律，我们才有秩序。在时间管理中，我们同样强调纪律与规则。

很多作家固定在每天某个时段工作，而且在停笔前必须完成一定的字数。这个方法很有效。假如你养成每天写1 000字的习惯，连续一个月后，写1 000字便易如反掌。

二、项目启示：做时间管理的高手

时间对我们如此重要，我们应该如何把握和管理时间呢？如果你不会管理时间，那么在此处节省的时间也会在彼处被浪费掉。因此学会时间管理就显得很有必要了。

（一）制订计划及执行计划

在工作中，没有比制订工作计划更能让你高效利用时间的了。相关学者通过一系列的研究发现：当一个人接手一项任务后，他制订计划所用的时间与完成任务所用的时间成反比。制订计划用的时间越多，工作效率也会越高。因此，不管任务有多艰巨，工作时间多苛刻，你都必须抽出足够的时间来思索和制订计划。

制订计划的重要性，就好比教练在足球赛开始前，给球员讲解比赛的战术一样，没有赛前战术，球员们就会像一盘散沙，无法踢出一场好球。当然，随着比赛的进行，教练也会对战术进行一些调整。我们在完成任务时，也应该牢记这一点，按照计划做事，但不拘泥于计划。

在执行计划时，我们要找出工作中的重要事项和关键环节，按照先后顺序一一编号。对于一些重要的事项，一般要多花费时间和精力。此外，为了应对突发事件，我们要留出备用时间。

（二）限定任务完成时间

作为职场中的一员，无论何时都不要把工作拖到最后才去做。我们都知道，事情很可能不会按照我们的意愿发展，在工作过程中，经常会有突发事件打乱我们的工作计划，导致任务难以按时完成。

英国学者帕金森曾说："工作会自动地膨胀，占满所有可用的时间。"人们通常把这句话称为"帕金森定律"。也就是说，如果时间充裕，一个人就会放慢工作节奏或增加其他项目，最后的结果就是能短时间完成的任务却用掉了所有的时间。这样做对时间管理非常不利。

真正出色的员工不但要避免"帕金森定律",还要时刻牢记工作期限。在老板的心中,最佳的工作完成日期不是今天,而是昨天。高效率的时间管理就是要"把工作完成在昨天",一个总能在"昨天"完成工作的员工,一定会有成功的一天。

(三)一次性地完成一项工作

"过程就是结果"的说法在以结果为导向的时代已经行不通了,没有结果的过程越长,就表明你浪费的时间越多。所以说,一旦开始某项工作,就要全力以赴,一次性把工作做好、做到位,千万不可有始无终。

对于既庞大又复杂的任务,应采取"工作任务细分"的方法,即把庞大的任务分解成许多易于立即动手完成的小任务。当你把小任务一一完成后,你就会发现自己完成了整项任务,并且离完成期限还有很长的时间。

(四)要区别对待时间管理的四个象限

时间的管理根据紧急和重要的标准分为四个象限,第一象限是紧急并且重要的事情,第二象限是不紧急但是重要的事情,第三象限是既不紧急也不重要的事情,第四象限是紧急但不重要的事情(图4-1)。

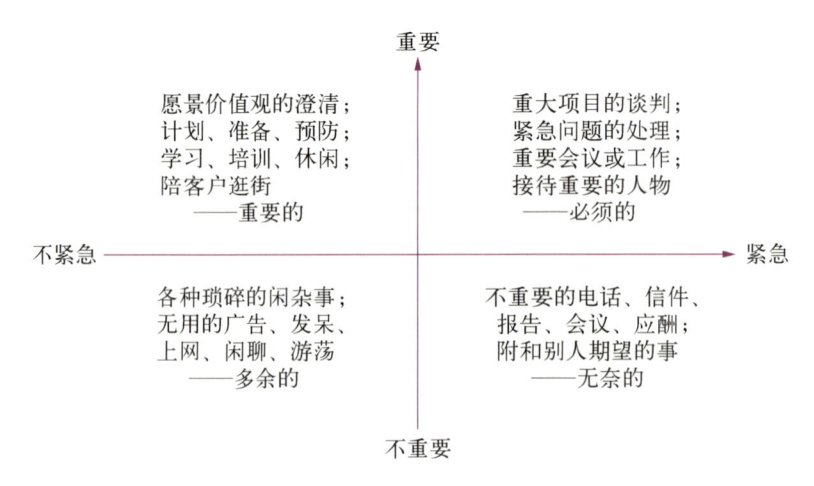

	重要	
愿景价值观的澄清; 计划、准备、预防; 学习、培训、休闲; 陪客户逛街 ——重要的		重大项目的谈判; 紧急问题的处理; 重要会议或工作; 接待重要的人物 ——必须的
不紧急		**紧急**
各种琐碎的闲杂事; 无用的广告、发呆、 上网、闲聊、游荡 ——多余的		不重要的电话、信件、 报告、会议、应酬; 附和别人期望的事 ——无奈的
	不重要	

图4-1 时间管理四象限

第一象限和第三象限是相对立的,而且是壁垒分明的,很容易区分。第二象限和第四象限难以区分,第四象限对人们的欺骗性是最大的,它会产生使人们认为某些事情很重要的假象,耗费了人们大量的时间。因此,我们应该把有限的时间优先投入到最具效益的第一象限。

(五)时间管理的法则

法则和习惯息息相关,时间管理就是要形成良好的习惯。当你有好的习惯,你的时间管理就会越管越好,你的生命就会越来越丰富,如表4-1所示。

表4-1 时间管理的法则

法　则	内　　涵
保持焦点	聪明人要学会抓住重点,远离琐碎
现在就做	栽一棵树的最好的时间是20年前,其次是现在
不得不走	要学会限制时间,不仅对自己,也要对别人
避开高峰	尽量避免在高峰期乘车、购物、进餐,可以节省许多时间
巧用电话	要尽量通过电话来进行交流,沟通情况,交换信息
成本观念	对待时间,时刻要有一个"成本"的观念,要算好账
精选朋友	要与有时间观念的人往来
避免争论	无谓的争论,不仅影响情绪和人际关系,还会浪费大量时间
积极休闲	积极的休闲应该有利于身心放松、精神陶冶和人际交流
集腋成裘	充分利用生活中许多零碎的、不为人注意的时间做一些事情
提前休息	在疲劳之前休息片刻,可以大大提高工作效率
搁置哲学	把解决不了的问题记下来,让潜意识和时间去解决它们

三、项目训练：计划未来五天的行程

训练内容：

按照重要性、紧急性和任务的性质，对以下事情列出合理的计划，并给出你的理由。

假设未来五天，你需要完成以下事项。

(1) 你从昨天早晨开始牙疼，想去看医生。

(2) 星期六是一个好朋友的生日，你还没有买礼物和生日卡。

(3) 你有好几个月没有回家，也没有写信或打电话。

(4) 有一份夜间兼职不错，但你必须在星期二或星期三晚上去面试。

(5) 明晚八点有个电视节目，与你的工作有密切关系。

(6) 明晚有一场演唱会。

(7) 你在图书馆借的书明天到期。

(8) 外地一个朋友邀请你周末去玩，你需要整理行李。

(9) 你要在星期五交计划书之前把它复印一份。

(10) 明天下午两点到四点有一个会议。

(11) 你欠某人200元，他明天也将参加同一个会议。

(12) 你明天早上从九点到十一点要听一场讲座。

(13) 你的上级留下一张便条，要你尽快与他见面。

(14) 你没有干净的内衣，一大堆脏衣服没有洗。

(15) 你想好好洗个澡。

(16) 你负责的项目小组将在明天下午六点开会，预计一个小时。

(17) 你需要取一些现金用。

(18) 朋友明天晚上聚餐。

（19）你错过了星期一的例会，要在下星期一之前复印一份会议记录。

（20）这个星期有些材料没有整理完，要在下星期一之前整理好。

（21）你收到一个朋友的信一个月了，没有回信，也没有打电话给他。

（22）星期天早上要准备简报，预计准备简报要花费十五个小时，而且只能用空闲时间准备。

（23）你邀请恋人后天晚上来你家共进烛光晚餐，但家里什么吃的也没有。

（24）三个星期后，你要参加一次业务考试。

训练目的：

1. 学会合理地进行时间管理。

2. 学会应用时间管理四象限。

3. 逐步养成积极、通盘考虑、按顺序做事、提前准备的习惯。

训练要求：

1. 分项列出每天必须做的事、应该做的事、能够做的事。

2. 每个小组选出一名代表在全班发言，向大家报告小组计划。

3. 说明小组计划的合理性及必要性。

4. 教师对每个小组发言人的陈述做点评。

第五单元 实现有效沟通

在本单元你将认识到沟通的重要性,并学会提高沟通能力的实用技巧。扫描右侧二维码,详细了解本单元的主要内容。

单元训练目标

1. 充分理解沟通的意义和作用。
2. 学会如何进行有效沟通。

第五单元
授课视频

项目 9 沟通是工作和生活的绿色通道

一、项目案例：绘制自己的办公室沟通"地图"

与上级沟通时,你会不会时常心里发怵?

与下级沟通时,你会不会被指责颐指气使?

在办公室沟通中,别人都到达了自己的"目的地",你却在沟通中迷失了"方向"。糊涂的你是否在无意间丢失了自己办公室的沟通"地图"?

【沟通"迷路"案例】

公司为了奖励市场部的员工,制订了一项海南旅游计划,名额限定为10人。可是13名员工都想去,部门经理需要再向上级领导申请3个名额,如果你是部门经理,你会如何与上级领导沟通呢?

部门经理1:"朱总,我们部门13个人都想去海南,可只有10个名额,剩余的3个人会有意见,能不能再给3个名额?"

朱总:"筛选一下不就完了吗? 10个名额的花费就不少了,你们怎么不多为公司考虑? 你们呀,就是得寸进尺,不让你们去旅游就好了,谁也没意见。我看这样吧,你们3个做部门经理的,姿态高一点,明年再去,这不就解决了吗?"

"迷路"原因:

1. 只顾表达自己的意见和愿望,忽视对方的态度及心理反应。

2. 切不可以自我为中心,更忌讳出言不逊,不尊重对方。

第五单元 实现有效沟通

【沟通"达标"案例】

同样的情况下，去找朱总之前用异位思考法，树立一个沟通的姿态，站在公司的角度上思考，遵守沟通规则，做好与朱总平等对话、为公司解决此问题的心理准备。

部门经理2: "朱总，大家今天听说去旅游，非常高兴，非常感兴趣。觉得公司越来越重视员工了。领导不忘员工，真是让员工感动。朱总，这事是你们突然给大家的惊喜，不知当时你们如何想出这个好主意的？"

朱总: "真的是想给大家一个惊喜，这一年公司效益不错，是大家的功劳。考虑到大家辛苦了一年，年终了，第一，是该轻松轻松了；第二，放松后，才能更好地工作；第三，是增加公司的凝聚力。大家要高兴，我们的目的就达到了，就是让大家高兴的。"

部门经理2: "也许是计划太好了，大家都在争这10个名额。"

朱总: "当时决定10个名额是因为觉得你们部门有几个人工作不够积极。你们评选一下，不够格的就不安排了，就算是对他们的一个提醒吧。"

部门经理2: "其实我也同意领导的想法，有几个人的态度与其他人比起来是不够积极，不过他们可能有一些生活中的原因，这与我们部门经理对他们缺乏了解，没有及时调整都有关系。责任在我，如果不让他们去，对他们打击会不会太大？如果这种消极因素传播开来，影响不好吧。公司花了这么多钱，要是因为这3个名额影响了公司预期的效果太可惜了。我知道公司每一笔开支都要精打细算。如果公司能拿出3个名额的费用，让他们有所感悟，促进他们来年改进，那么他们多给公司带来的利益要远远大于这部分支出的费用。不知道我说的有没有道理，公司如果能再考虑一下，让他们去，我会尽力与其他两位部门经理沟通好，在这次旅途中每个人带一个，帮助他们放下包袱，树立有益于公司的积极的工作态度，朱总您能不能考虑一下我的建议？"

二、项目启示：沟通无处不在，永无止境

沟通，人类交流的总称。我们可以通过不同的方式来完成人际交流，沟通的意义在于促进双方交换观点并使事情朝预期的方向发展。因为个体的文化素质、社会背景、社交能力、表达方式不同，沟通的方式也会变得多样化和复杂化。

案例中第二位"部门经理"的沟通方式，显然能赢得"朱总"的好感和认同，增加3个旅游名额的愿望自然更容易实现。因此，良好的沟通能力是最重要的职业素养之一。虽然我们在日常生活中无时无刻不在和别人进行着沟通，但准确理解沟通的意义仍然是做好沟通的前提。

（一）沟通是快速解决问题的方法

在职场中，员工与员工之间因缺乏沟通而导致冲突和矛盾的现象并不少见。很多人喜欢独来独往，不喜欢与人交流，更不喜欢与人沟通，结果在执行任务中经常走弯路，导致不能完成任务。这些人总是疲于应付工作过程中出现的问题。他们埋怨问题太多、时间太少，总是被问题压得喘不过气来。可是他们却很少思考造成这种状况的原因是什么。在很大程度上，这是他们没有与人进行有效沟通的结果。有效的沟通是迅速、有效地解决问题的方法。在这个案例中，第二位"部门经理"深谙沟通之法，找到了问题的症结所在，与领导展开了针对问题的有效沟通，"朱总"由此听到了解决问题的合理建议。这样，最终他们自然能找出一个最有利于问题解决的办法。

（二）沟通是人际交往的重要途径

沟通，是人与人之间信息、思想和情感的交流。父母与子女之间、老板与员工之间、同事之间、夫妻之间，以及朋友之间都需要沟通，可以说人活在这个世界上就必须与别人沟通。

积极主动的沟通有益于促进人际交流。良好的沟通可以使父母及时地了解孩子的

状况，能够更好地帮助孩子成长，也能使孩子更了解自己的父母，从而使父母与子女之间和睦相处，这是幸福家庭必不可少的一点。真诚的沟通可以架起企业管理者与员工之间的心灵桥梁，进一步增加员工的归属感、荣誉感和责任心，进而提高工作效率。朋友之间如果能经常沟通的话，必能减少双方的误会，增进友谊。

（三）沟通是企业管理的重要手段

沟通在管理学中的定义是指可理解的信息、思想和情感在两人或两人以上的人群中的传递或交换的过程。整个管理工作都与沟通有关。有效沟通不仅仅能传递信息，还容易让各方达成共识。在企业的实际经营管理中，有效沟通所起的作用是显而易见的。

沟通有助于提高决策的质量。任何决策都会涉及干什么、怎么干、何时干等问题。每当遇到这些急需解决的问题时，管理者就需要从广泛的企业内部的沟通中获取大量的信息情报，然后进行决策，或建议有关人员做出决策，以迅速解决问题。下属人员也可以主动与上级管理人员沟通，提出自己的建议，供领导者做出决策时参考，或经过沟通，取得上级领导的认可，自行决策。企业内部的有效沟通能为各个部门和人员进行决策提供依据，增强决策者判断的准确性。

有效沟通能协调员工之间和部门之间的关系，提升工作效率。企业中员工之间和部门之间的工作是相互配合的，配合性越大，对协调的需要越高，而协调只有通过沟通才能实现。员工及部门间能否及时消除误解，密切合作，不仅关系到同事间的团结，而且关系到公司中心工作的顺利完成。

沟通有助于提高员工的士气。沟通有利于领导者激励下属，建立良好的人际关系和工作氛围，提高员工的士气。一个优秀的管理者就是要通过有效的沟通转变员工对工作的态度、对生活的态度，激发员工的工作热情和潜力，把员工培养成充满乐观精神、积极向上的人。

有效沟通是企业正常运转和不断发展的重要手段，是企业管理和经营当中必不可少的工作方式。在企业的发展中，员工的积极性起着非常重要的作用，而能否调动员工的积极性，取决于管理者与其沟通的效果。所以，高效率的管理和经营离不开有效沟通。

三、项目训练：我说你画

训练内容：

听口令分两个阶段进行画图，对画图结果分别进行讨论，进而阐述沟通的重要性。

训练目的：

1. 培养沟通意识。

2. 认识到表达能力与倾听能力的重要性。

训练要求：

1. 准备两张图形略有区别的样图，每人一张A4白纸、一支笔。

2. 请一名学生上台担任信息发送者，其余学生都作为信息接受者。信息发送者描述第一张样图并下达画图指令。

3. 信息接受者根据信息发送者的描述画出图形，其间不许交流提问。

4. 信息接受者展示自己所画的图，讨论为什么会有这么多不同的结果。

5. 再请一位学生上台担任信息发送者，描述第二张样图并下达画图指令。不同的是这次信息接受者可以提问。

6. 比较两轮过程与结果的差异，教师进行总结评述。

项目 10 ▶ 有效沟通是一种能力

一、项目案例：工作的过程就是沟通的过程

项目 10 微视频

王凯是一个项目团队的设计主管，该团队要为一个有迫切需求的客户设计一项庞大而技术复杂的项目。乔杰是一个分派到他的设计团队里的工程师。

一天，乔杰走进王凯的办公室，大约是上午九点半，他正埋头工作。"嗨，王凯，"乔杰说，"今晚去观看联赛比赛吗？你知道，我今晚非常想去看。""噢，我实在太忙了。"接着，乔杰就在王凯的办公室里坐下来，说道："我听说你儿子足球踢得特别好。"王凯将一些文件移动了一下，试图集中精力工作。他答道："啊？还行吧。我工作太忙了。"乔杰说："是的，我也一样。我必须抛开工作，休息一会儿。"

王凯说："既然你在这儿，我想你可以比较一下，数据输入是用条形码呢，还是用可视识别技术？可能是……"乔杰打断他的话，说："外边乌云密布，我希望今晚的比赛不会被雨浇散了。"王凯接着说："这些技术的一些好处是……"

他接着说了几分钟。又问："那么，你怎样认为？"乔杰回答道："噢，不，它们不适用。相信我，这将增加项目的成本。"王凯坚持道："但是，如果我们能向客户展示它，同时告诉客户这个能使他省钱并能减少输入错误，他们可能会支付实施这些技术所需的额外成本。顺便说一下，我仍需要你将进展情况做一份纸质报告书，"王凯提醒他，"明天我要把它寄给客户。""什么？没人告诉我。"

乔杰说。

"几个星期以前，我给项目团队发了一份电子邮件，告诉大家在下个星期五以前我需要每个人的数据资料。而且，你可能要用这些为明天下午的项目情况评审会议做准备。"王凯说。"我明天必须讲演吗？这对我来说还是个新闻。"乔杰告诉他。"这在上周分发的日程表上有。"王凯说。

乔杰自言自语道："好吧，我用我6个月以前用过的幻灯片，没有人知道它们的区别。那些会议只是一种浪费时间的方式，没有人关心它们，人人都认为这只不过是每周浪费两个小时。""不管怎样，你能把你的报告在今天下班以前以电子邮件的方式发给我吗？"王凯问。

"为了这场比赛，我今天要早一点走。""什么比赛？""难道你没有听到我说的话吗？联赛。""或许你现在该开始整理报告了。"王凯建议道。"明天吧。""不能等到那时，报告必须明天发出，我今晚还要很晚才能把它搞出来。""那么，你不去观看比赛了？""一定把你的输入数据通过电子邮件发给我。""我不是被雇来当打字员的。"乔杰声明道。

二、项目启示：提高沟通技巧，展现个人魅力

看完这篇案例，我们最先想起了一句俗语"驴唇不对马嘴"，这样的沟通没有任何意义，反而会带来更多的潜在后患。王凯作为一个项目经理，可以看得出，他没有制订一个详细的沟通计划，另外，在沟通方面缺乏技巧，在项目组成员有主动沟通欲望时，即使不是工作上的交流，也应该及时给予回应，谈论一下球赛，听一下对方的全部信息，不要轻易打断对方，然后再通过一定的技巧，交流实际工作。乔杰在工作时间谈论工作之外的事情，尽管王凯和他谈论工作，他也无心应对，表明他根本没有进入工作状态，这更是对辛劳工作的人的一种不尊重。所以，当沟通成为一种自言自语时，沟通已变味。

（一）信任是有效沟通的基础

信任是一种敞开的、充满友善的举动，是我们获得更多社会资源、人际资源的前提，是有效沟通的基础。如果沟通的双方彼此之间不信任，就无法做到有效沟通，沟通的结果自然是失败的。没有信任，与问题相关的种种信息就不能充分有效地传递，从而造成沟通双方难以达成一致，这对于解决问题、达成共识没有任何益处，甚至会把沟通推入"不信任"的泥沼之中。

要想避免出现不信任，除了以自己的团队利益为重，在沟通的过程中还要抱有谦虚的态度，虚心听取他人的意见和建议；尊重他人的想法，以大局为重，多补台不拆台；面对问题，正确对待分歧，追求"大同"允许有"小异"。这样，我们就能把主要精力放在解决问题上，并在双方的共同努力下找出最佳的解决方案。

（二）简明扼要，重点突出

与人沟通时，一定要简单明了，重点突出。不要用晦涩难懂的词句阐述问题、发表意见。同时，尽量避免含糊其词，模糊的叙述不利于有效沟通，不利于问题的解决。应该简明扼要地回答领导最关心的问题、同事最想了解的情况以及客户最急于知道的结果，而不要东拉西扯，分散对方的注意力。

所以，我们在与人沟通之前，要尽可能地熟悉问题、拟订详细的沟通计划和准备具有说服力的佐证材料；要设想对方的质疑，事先准备答案，并把沟通的重点找出来。这样，你的沟通才会更有效，成功的希望才会更大。

（三）正确把握沟通时机

如果你在工作中遇到了棘手的问题，需要帮助，但两个星期以后，你才向上司汇报，这时领导可能早已着手进行工作的下一个环节了。由于你"拖后腿"的行为，上司不得不停下工作，来改进两个星期前的工作。在这种情况下，上司不可能不生气，给你的帮助力度也会大大降低。与此相反，如果问题刚出，你在还不完全了解问题的情况下，就四处寻求帮助,结果仍然不会太理想,因为你没有掌握关于问题的足够信息,其他人不可能提供实质性的帮助。实践证明,正确的沟通时机是:发现问题,并充分了解问题的那一刻。在这个时候进行沟通,沟通才会顺畅、有效,问题才会及时得到解决。

(四)积极聆听

在沟通中,说和听哪一个更重要呢?其实,在沟通中听比说更重要,有时正是由于没有认真聆听对方传递的信息,才导致沟通失败。聆听别人说话本来就是一种礼貌,愿意听表示我们愿意客观地考虑别人的看法,这会让说话的人觉得我们很尊重他的意见,有助于建立融洽的关系,彼此接纳。

另外,聆听不仅要用耳朵听,还应该用眼睛看,大脑也要随之思考。在对方倾诉的时候,要学会换位思考,忧其所忧,乐其所乐,急其所需。我们耳朵听到的仅仅是一些信息,而眼睛看到的是对方传递给你的思想和情感。这种时候往往要配合肢体语言,如温柔地看着对方的鼻尖;如果明白了对方诉说的内容,要不时地点头示意;必要的时候,可以用自己的语言,重复对方所说的内容。

聆听是一种重要的非语言性沟通技巧,有助于彼此交换意见,达成共识。因为对方先提出其看法,你就有机会在表达自己的意见之前,掌握双方意见的共同之处,再说话的时候,就更容易说服对方,使对方更加愿意接纳你的观点。

(五)不要吝惜赞美

心理学家威廉·詹姆斯说:"人类本质中最殷切的需求是渴望被肯定。"赞美就是直接和深刻的肯定,它满足了人类的本质需求,因而人人都渴望被赞美。在沟通中,每个人都希望被赞美、被肯定、被尊重,而不希望被否定、被批评。我们应该相信赞美的神奇力量,先赞美对方,让对方感到自己是受尊重、受重视的。如果我们对对方的观点不认同,也要先听对方把话说完,不要打断他,然后可以用"你说得非常好,很有道理,但我认为"这样的方式开始沟通,这样做既不直接反驳对方,又能表达我们自己的意思。在接下来的谈话中,彼此间的距离会更近,气氛会更融洽。

因此，赞美就是一件"予人玫瑰，手有余香"的乐事。在沟通中，如果你想与上司、同事、客户甚至朋友的关系更和谐，那就从今天开始试着去赞美别人吧！

（六）有效沟通的两种方式

有效沟通的方式有两种：即语言的沟通和肢体语言的沟通，如图5-1所示。通过这两种不同方式的沟通，可以把沟通的三个内容，即信息、思想和情感传递给对方，从而达成共识。

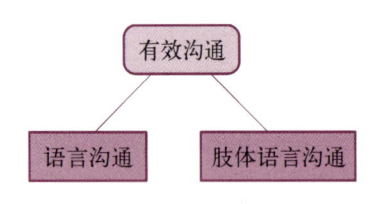

图5-1 有效沟通的两种方式

语言是人类特有的一种非常有效的沟通方式。语言的沟通包括口头语言、书面语言、图片语言。口头语言包括面对面的谈话、会议等；书面语言包括信函、广告、传真，以及电子邮件等；图片语言包括幻灯片和电影等。

肢体语言的内涵非常丰富，包括我们的手势、表情、眼神、姿态。实际上，在我们发声的同时，也伴随着非常丰富的肢体语言。

在日常生活中，我们需要掌握一些简单的肢体语言：

手势：柔和的手势表示友好、商量，强硬的手势则意味着"我是对的，你必须听我的"。

表情：微笑表示友善礼貌，皱眉表示怀疑和不满意。

眼神：盯着看意味着不礼貌，但也可能表示有兴趣、寻求支持。

姿态：双臂环抱表示防御，开会时独坐一隅意味着傲慢或不感兴趣。

在沟通过程中，语言沟通侧重于信息的传递，而肢体语言更注重的是人与人之间的思想和情感的交流，当我们在和别人谈话的时候，即使我们还没开口，我们内心的感觉，就已经透过肢体语言清清楚楚地表现出来了。所以说两者相辅相成，相互配合，协调运用会使沟通很快达到预想的效果。

（七）通过建议表述观点

沟通的目的是达成共识，而建议没有任何强加的味道，仅仅是比较两种或多种行为所带来的结果，找出哪个更加完善且优良，供对方自由选择。提出意见时，最忌讳的用语就是"你应该""你必须"。不论你的建议多么好,对方只要听到这两个词,很可能会顿时生厌,产生反感,大多不会采纳你的意见。"建议式"有效沟通的实施步骤(图5-2)为:

(1)对以前成绩的肯定。

(2)"这次事情如果这样做会有更好的结果。"(良性改进意见。)

(3)"我相信你如果多加思考,肯定能把这件事做得非常出色。"(对批评者提出期望与鼓励,并暗中施加压力。)

(4)"需要我的帮助随时告诉我。"(告诉批评者你对他的所作所为是善意的、为他着想的。)

图 5-2 "建议式"有效沟通的步骤

总之,有效沟通是一种能力,是人际交往和获取资源的重要手段。表面上看来,它只是一种能说会道的能力,可实际上它却包含了一个人能良好处理从穿衣打扮到言谈举止等一切行为的能力。一个具有沟通魅力的人,可以将自己所拥有的一切资源发挥百分之百的作用,并能迅速地给对方留下"我最棒""我能行"的印象。

作为职场中的一员,如果你能把工作过程看成沟通的过程,善于发现他人的闪光点、学习他人的长处、听取他人的意见,那么工作中出现的问题对你而言就不再是难题了,因为在沟通中你已经成为一名解决问题的高手!

三、项目训练:电话沟通

训练内容:

通过自检的方式,找出自己在电话沟通中存在的一些不良习惯,总结不足,切实提高电话沟通的效果。

训练目的:

1. 学会拨打和接听电话的基本技巧。

2. 克服电话沟通中的不良习惯。

3. 培养良好的语言表达能力。

4. 能通过电话沟通的方式解决一般问题。

训练要求：

1. 对照表5-1，分项列出自己在接听、拨打电话时的实际表现。

2. 对照表5-2，找出自己哪些要点没有做到，并写出改进措施。

3. 以成立一个学生社团为事由给辅导员打电话沟通此事。

4. 以小组为单位总结接听、拨打、转达电话的基本技巧。抽取三个小组分别进行模拟表演。

自检一：你在电话沟通中有这些不良习惯（表5-1）吗？

表5-1 电话沟通中的一些不良习惯

问题情境	不良表现	你的表现
接听电话时	1. 电话铃响得令人不耐烦了才拿起听筒	
	2. 对着话筒大声地说："喂，找谁啊？"	
	3. 一边接电话一边嚼口香糖	
	4. 一边和同事说笑一边接电话	
	5. 遇到需要记录某些重要数据时，总是在手忙脚乱地找纸和笔	
拨打电话时	1. 抓起话筒却不知从何说起，语无伦次	
	2. 使用"超级简略语"，如"我是一院的××"	
	3. 挂完电话才发现还有问题没说到	
	4. 抓起电话粗声粗气地对对方说："喂，找一下刘经理。"	
转达电话时	1. 抓起话筒向着整个办公室吆喝："小王，你的电话！"	
	2. 态度冷淡地说："陈科长不在！"就顺手挂断电话	
	3. 让对方稍等，但很长时间不回复	
	4. 答应替对方转达某事却未告诉对方你的姓名	

续 表

问题情境	不 良 表 现	你的表现
遇到突发事件时	1. 对对方说:"这事儿不归我管。"就挂断电话	
	2. 接到客户索赔电话,态度冷淡或千方百计为公司辩解	
	3. 接到打错了的电话很不高兴地说:"打错了!"然后就粗暴地挂断电话	
	4. 电话受噪声干扰时,大声地说:"喂,喂,喂……"然后挂断电话	

自检二:你在电话沟通时注意一些技巧(表5-2)了吗?找出目前的不足之处,制订自己的改进计划。

表5-2　电话沟通中需要注意的要点

序号	注意事项	要　点	具体改进计划
1	电话机旁应备有记事本和笔	把记事本和笔放在伸手就能拿到的地方 养成随时记录的习惯	
2	先整理电话内容,后拨电话	时间恰当 情绪稳定 条理清楚 语言简练	
3	态度友好	微笑着说话 真诚面对通话者 使用平实的语言	
4	注意自己的语速和语调	谁是你的信息接收对象 先获得接受者的注意 说出清晰悦耳的"喂"	
5	不要使用缩略语、专用语	用语规范准确 使对方熟悉自己公司的内部情况 对专业术语加以必要的解释	
6	养成复述习惯	及时对关键性字句加以确认 善于分辨关键性字句	

第六单元 讲求团队协作

在本单元你将认识到团队的力量远比个人的力量大得多，进而自觉培养自己的团队协作意识和能力。扫描右侧二维码，详细了解本单元的主要内容。

单元训练目标

1. 培养团队合作精神。
2. 学会如何更好地进行团队协作。

第六单元
授课视频

项目 11　团队决定成败

一、项目案例：团队合作精神是事业成功的前提

案例 1

龙舟赛

众所周知，龙舟比赛是一项多人竞技运动（图6-1），决胜的关键在于团队合作的协调程度，因此龙舟比赛是最考验团队合作能力的体育比赛。

图6-1　龙舟比赛

要把团队的力量发挥到极致，靠的是协调性，如果众多选手没有协调性，无论单人使了多大的力气，最终大家的力量都会互相抵消，导致龙舟不仅不会前进，还有可能原地打转。因此，取胜的关键在于发挥团队的合力。队员朝着同样的方向，以同样的节奏，同时使出全力，才能让龙舟达到最快速度，获得最大"合力"，这合力来自每一位队员的全力以赴、技能娴熟、动作一致、默契配合。

龙舟队员分为四个角色，船尾的是舵手，船中的是鼓手，船头的是夺标手，其他人是划桨手。这四个角色的默契配合至关重要。

舵手是龙舟的掌舵人，称为"龙总"，是一条龙舟的总指挥，也无疑是整个团队的核心人物，直接决定了龙舟的行驶方向，对整个团队更好地发挥能量起到引导作用。一个好的掌舵人能起到事半功倍的作用。整个团队中，舵手需要有丰富的经验和运筹帷幄的能力。舵手是保证龙舟直线前进的最大功臣，他就像团队中的领导者，为前行指明方向。

鼓手是龙舟的"灵魂"，比赛中的一切行动都要听从鼓手鼓点的引导，鼓手的临战经验和综合素质是龙舟团队取胜的关键。鼓手必须了解划桨手的体力、耐力和船的速度，要打出有效的节拍，既不能太快，也不能太慢，还要根据外部环境的变化做相应的调整——要了解风向和水流，浪花怎么样，划桨的人耐力怎么样，动作怎么样，怎样击鼓才是最合适的。

夺标手的作用是迅速夺标，及时举标，起划后协助稳定船身，并辅助船头的起落。这就像公司里的部门经理，不能只顾自己的部门，还要兼顾整个公司的运营状况是否稳定。

划桨手作为最终行动者，就像公司里的广大员工，需要齐心协力，一切行动听指挥，紧跟节拍，步调一致，全力以赴，只有把劲儿使到一处来，才能最大限度地发挥团队的合力，争取比赛的胜利。

由此我们可以看出，要赢得龙舟比赛，不是单凭某一个人就能达成目标的，这需要团队里每一个人密切配合与协作,任何一个人出现失误,都可能导致失败。

在龙舟比赛中,一个团队作为一个整体,虽然要求每个人都是"精英",但绝不可以逞个人英雄主义。所谓团队,并不是一群人的机械组合。和一般的群体不同,它是一个有机整体,团队成员除了要具有独立完成工作的能力,还必须具有与他人合作完成工作的能力。团队的绩效源于每个团队成员的贡献,同时又大于每个团队成员贡献的总和。一个真正的团队应该有一个共同的目标,其成员之间的行为相互依存,相互影响,并且能相互合作,追求集体的成功。

团队合作的核心可以总结为"合、作、力"三个字。

"合"就是合作,"合"的背后是分工,最优化的分工才能产生最大的合力;"作"是指过程,即分工不同的成员们互相协助的过程;"力"指"合力",就是最后形成合力。

"合、作、力"有以下关系:

a: 1+1>2; b: 1+1=2; c: 1+1=1.5; d: 1+1=0; e: 1+1<0。

a: 1+1>2。这是团队合作追求的效果。试想一下,如果一个团队中的每一个成员都充满了团队精神,这个团队就一定是一个和谐的团队,这样的团队工作起来就一定能够取得事半功倍的成果,这就是1+1为什么会大于2的原因——团队成员发挥各自优势、取长补短,实现双赢或多赢。

b: 1+1=2。意思是大家相安无事,独自承担自己的工作,不产生合作绩效。

c: 1+1=1.5。团队成员彼此之间有矛盾,影响了各自的工作绩效,导致团队绩效反而不如每个人单干的绩效总量。

d: 1+1=0。团队成员之间有尖锐的冲突,造成严重内耗,以至于因矛盾造成的损失抵消了个人的绩效。

e: 1+1<0。团队成员矛盾激化,相互拆台,不仅不会产生绩效,反而给团队造成额外的损失。

(资料来源:《管理的思考与实践》,胡坚兴,企业管理出版社2015年版)

案例 2

雁阵效应

雁群在天空中飞翔,一般都是排成人字阵或一字斜阵,并定时交换左右位置。生物学家们经过研究后得出结论,即这一飞行阵势(图6-2)使雁群飞得最快、最省力的方式,因为它们在飞行中,后一只大雁的一侧羽翼,能够借助于前一只大雁的羽翼所产生的气流而节省力气。一段时间后,它们交换左右位置,目的是使另一侧的羽翼也能借助于气流缓解疲劳。管理专家们将这种有趣的雁群飞翔阵势原理运用于管理学的研究,形象地称之为"雁阵效应"。

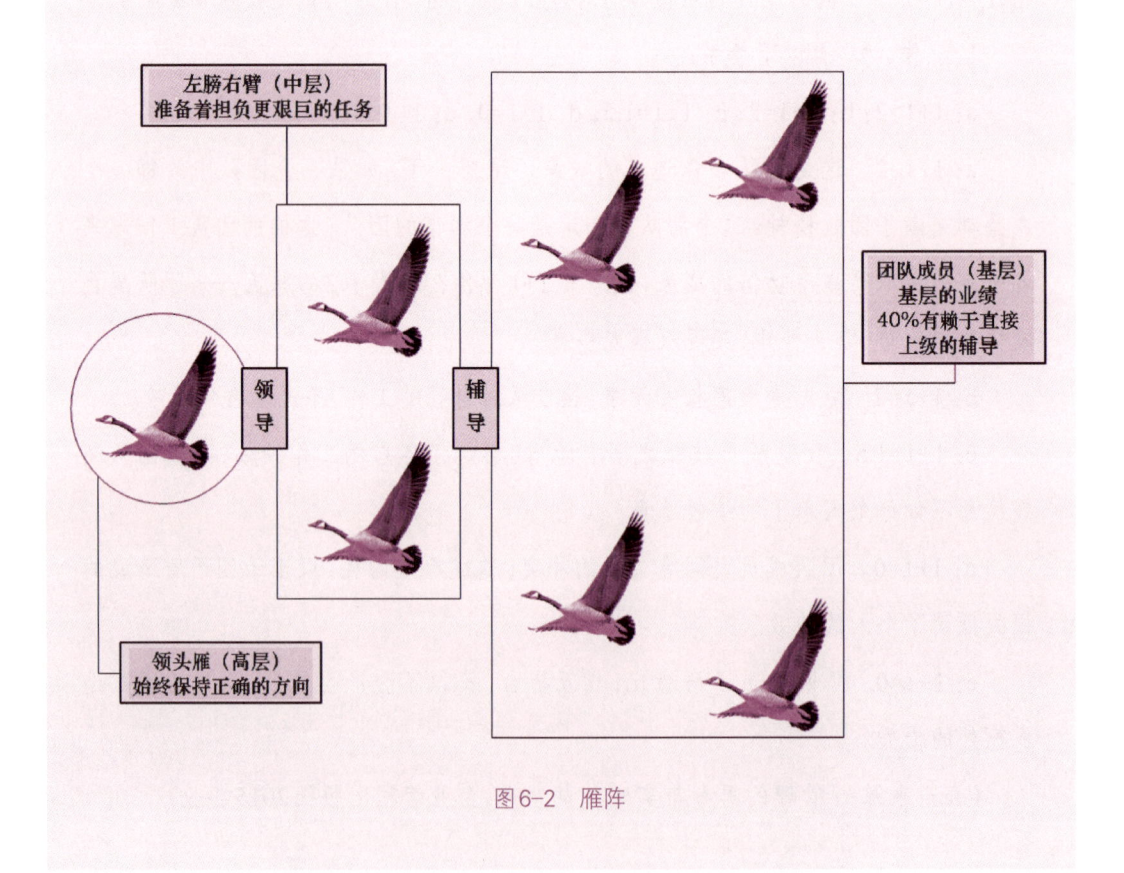

左膀右臂(中层) 准备着担负更艰巨的任务

团队成员(基层) 基层的业绩40%有赖于直接上级的辅导

领导

辅导

领头雁(高层) 始终保持正确的方向

图6-2 雁阵

飞在最前面的是领头雁，相当于公司的高层，始终保持正确的方向，它要不断提醒身后的"左膀右臂"，努力地向前飞；飞在第二排的大雁是领头雁的"左膀右臂"，相当于公司的中层，时刻准备着肩负更加艰巨的任务，它要不断地给身后的成员提供辅导。飞在后排的大雁是团队成员，相当于公司里的基层。

一个队伍中最重要的是领头雁，风洞实验证明，领头雁的体力消耗大概是后面团队成员的1.75倍，所以大雁们是轮流充当领头雁的。当领头雁累了，会退到队伍的侧翼，它身后的大雁会取代它的位置，继续领飞。其实企业也是这样，作为左膀右臂的中层管理人员，总有一天也可能进入高层，肩负更重的责任，贡献更大的价值。

中层管理者对基层员工要起到辅导作用。数据显示，团队基层成员业绩的40%有赖于上级的辅导。

大雁团队目标清晰，每到冬天就往南飞，迁往固定的栖息地，千百年来都是如此。一群编成"人"字队形飞行的大雁，要比具有同样能量的而单独飞行的大雁多飞70%的路程，也就是说，编队飞行的大雁能够借助团队的力量减少飞行的阻力飞得更远——协作增加70%的力量。

大雁的叫声热情十足，能够鼓舞同伴。大雁用叫声鼓励飞在前面的同伴，使团队保持前进的信心——协作会增强组织的信心。当一只大雁脱队时，会立刻感到独自飞行的艰难迟缓，所以会很快回到队伍当中，继续利用前一只大雁创造的空气动力飞行——协作具有吸附力。

大雁的团队不离不弃，当一只大雁受伤脱队，另外的两只大雁也会脱队帮助和保护它，直到它能继续飞行。若脱队大雁不能飞行，两只大雁直到它死去才会离开，再追上前面的雁阵。

"雁阵效应"揭示了管理工作中部门行为与全局行为之间的关系：这两种行为是相互影响和相互促进的，全局行为的效能提高离不开部门行为的配合，例如整个雁阵要飞得快、飞得省力,必须依靠每只大雁"位移"和"对齐"的配合;而全局行为效能提高后也就能够保证部门行为效能的提高,例如整个雁阵飞得快、飞得省力后,每个大雁就可以借助其他大雁的羽翼所产生的空气动力,使自己的飞行更快、更省力。企业管理工作的目的是使企业的各个部门行为既要满足整个企业行为的要求,又要有协作精神,通过追求部门行为和整个企业行为的和谐一致,来达到提高工作效能。

所谓团队合作,就是要像划龙舟一样分工合作,所有成员全力以赴,最后赢得比赛;所谓团队精神,就是要像大雁一样,目标一致,齐心用力,互相帮助,无私奉献。

(资料来源:《管理的思考与实践》,胡坚兴,企业管理出版社2015年版)

二、项目启示:团队中有我,我是团队的一员

有这样一则寓言:在非洲的草原上如果见到羚羊在奔跑,那一定是狮子来了;如果见到狮子在躲避,那就是象群发怒了;如果见到成百上千的狮子和大象集体逃命的壮观景象,那是什么来了?蚁群。

一只蚂蚁可能微不足道,但是成千上万只蚂蚁就可以所向披靡。以上寓言告诉我们,一个人的力量是有限的,只有融入团队中才能发挥自己最大的能力,而完美的团队在团队目标实现的同时也实现了个人的目标。

(一)人心齐,泰山移

近年来,企业的发展突飞猛进,同时竞争也相当激烈。各大企业都面临着很大的机遇和挑战。任何企业的竞争,不仅仅是战略、财力、关系、人才等方面的竞争,更是一个团队与另一个团队的精神竞争。弘扬团结协作精神对于建设好一个组织、一个企业具有极其重要的意义。

所谓团队精神，简单来说就是大局意识、协作意识和服务意识的集中体现。团队精神的基础是尊重个人的兴趣和成就，核心是合作，最高境界是个体利益和整体利益的统一。团队精神是团队能够取得高绩效的灵魂，是成功团队难以被模仿的特质。具有团队精神的企业，其每一名成员都能感受到团队精神的存在，感受到令人振奋的力量。

刘邦打败项羽后大宴群臣时说："夫运筹策帷帐之中，决胜于千里之外，吾不如子房（张良）；镇国家，抚百姓，给馈饷，不绝粮道，吾不如萧何；连百万之军，战必胜，攻必取，吾不如韩信；此三者，皆人杰也，吾能用之，此吾所以取天下也。项羽有一范增而不能用，此其所以为我擒也。"如果团队成员各尽其能发挥所长就能成就一番事业。拥有一个优秀的团队就等于拥有一个灿烂的明天和一个辉煌的将来。

（二）团队精神是通向成功的金钥匙

团队是由员工和管理层组成的一个共同体，它合理地发挥每一个成员的知识和技能，使之协同工作，以解决问题，达到共同的目标。团队构成中有五个要素，分别为目标、人员、定位、计划、权限，如图6-3所示。

图6-3 团队构建的五个要素

团队应该有一个既定的目标，为团队成员导航，使团队成员知道要向何处去，没有目标的团队就没有存在的价值。正是目标规定了计划，计划决定了行动，行动导致了结果，而结果带来了成功。这一切始于一个简单的词语：目标。这也意味着目标一要明确，二要可接受，三要可预测。如果面对的是一个不可能达成的目标，人们很快就会退出，失去原来那种热情和兴趣。

人是构成团队最核心的力量。两个及以上的人就可以构成团队。目标是通过人来实现的，所以对人员的选择是团队建设中非常重要的一个部分。

团队的定位包含两层意思：一是团队在企业中处于什么位置，由谁选择和决定团队的成员，团队最终应对谁负责，团队采取什么方式激励下属；二是成员在团队中扮演什么角色，如是制订计划、具体实施计划还是评估计划。

只有在计划的指引下团队才会一步一步地贴近目标，从而最终实现目标。目标的最终实现，需要一系列具体的行动方案，也可以把计划理解成实现目标的具体工作程序。

团队当中领导人的权限大小跟团队的发展阶段相关，一般来说，团队越成熟，领导者所拥有的权限相应越小，而在团队发展的初期阶段，领导权是相对比较集中的。

由此可见，团队是互助互利、团结一致，为同一个目标而聚集在一起并坚毅奋斗的一群人。它不仅强调个人的业务成果，更强调团队的整体业绩。所以在职场上，团队精神弥足珍贵，是帮我们打开成功之门的一把金钥匙。

（三）融入团队才能进步

俗话说："没有完美的个人，只有完美的团队。"如今，"竞争"已经成为我们生活的主题，但这个主题与"合作"并不冲突，反而是相辅相成的。对于这个复杂多变的世界来说，一个人的力量很有限，甚至很渺小。很多理想无法靠一个人独自实现，我们需要团队合作。融入团队，取长补短，个人才能取得进步。

团队的力量让雁群可以长途飞行，同样，也唯有团队的力量可以使企业在竞争激烈的今天实现持续发展。所以，个人想赢得机会、获得成功，就必须选择融入团队，因为无论经验还是实践都告诉我们一个真理：只有成就团队，才能成就个人。

每个人都不是天生的成功者，当我们身处一个团队的时候，我们通常能受到更多好的影响，获得更多的发展机会，自己也能够成长得更快。

例如，电视剧《士兵突击》的主人公许三多是一个普通的乡村青年，如果他没有去当兵，他可能就是在家务农，过着自己平凡的生活，但是当兵改变了他的人生。在军队这个大团队中，首先因为有一个身体力行的好班长，用实际行动帮助许三多，使他由一名乡村青年成长为一名合格的军人。后来，许三多来到坦克部队，又是他的班长一步步培养他，使他成为一名合格的战士。在团队这个大家庭中，还有很多战友在他困难的时候，给他鼓励,在他受到挫折的时候,给他安慰。可以说,正是军队这个优秀的团队重塑了许三多,改变了他的人生。他证明了团队对人的塑造作用,团队能使平凡的人变得不再平凡,并且能使个人做出不平凡的事情。

我们身处的是一个需要团队合作的时代,要想提高自我执行力,要想获得成功,就必须融入团队。世界上没有绝对完美的人,我们或多或少存在一些缺点,所以,为了不让缺点阻碍我们进步,最好的办法就是彼此配合,使自己融入并忠于自己的团队。

三、项目训练：解手链

训练内容：

以10～20人为一组,进行解手链活动。

训练目的：

1. 学会运用团队的力量。

2. 认识团队中协作及沟通的重要性。

训练要求：

1. 所有人手拉手围成圈,记住你左侧和右侧的人员。听到"松开手"的指令后,人员散开并随意走动。听到主持人说"停",大家停止行走,并与左右两边的人牵手。

2. 想办法恢复之前的牵手顺序。每名队友在恢复过程中,只能松开一只手。

3. 每组在游戏前,可以指定一名同学作为小组长,负责解手链活动中的沟通协调工作。

讨论：

1. 你开始的感觉怎样,是否感觉思路混乱？

2. 当解开一点以后,你的想法是否发生了变化？

3. 恢复最初的顺序时,你是否感觉很开心？

4. 教师进行总结点评。

项目 12 团队协作是一种综合素质

一、项目案例：打造狼性高绩效团队——华为的团队精神

在所有的动物之中，狼是将团队精神发挥到极致的动物。狼团队在捕获猎物时非常强调团结和协作，因为狼同其他大型肉食动物相比，实在没有什么特别的个体优势，因此它们懂得团队的重要性，久而久之，狼群也就演化成了"打群架"的高手。

攻击目标既定，狼群起而攻之。在头狼号令之前，群狼各就其位，欲动而先静，欲行而先止，且各司其职，嚎声起伏而互为呼应，默契配合，有序而不乱。头狼昂首一呼，则主攻者奋勇向前，伴攻者避实就虚，助攻者蠢蠢欲动，后备者厉声而嚎以壮其威……

直到今天，华为团队，尤其是华为销售团队给人们的印象仍然是一群红了眼的"狼"。他们不仅极具攻击性，个个骁勇善战，目标一致，不达目的不罢休，而且往往以一个团队整体出击，纪律严明。这种特性成为华为品牌推广体系的强力支撑，使得华为能在短时间内站稳脚跟，并以令人吃惊的速度成长为中国通信行业的领袖。

任正非是军人出身，其管理风格带有浓厚的军事化色彩，这深深地影响着华为。他曾经对"土狼时代"的华为精神做了经典概括。他说："发展中的企业犹如狼群。狼有三大特征，一是敏锐的嗅觉，二是不屈不挠、奋不顾身的进攻精神，三是群体奋斗的意识。企业要扩张，必须具备狼的这三个特征。"

任正非在《华为基本法》的第二条提出了"企业就是要发展一匹狼"的观点。事实上，这也是任正非对华为过去的这些年之所以能够快速发展的一个总结，即重视人才，重用具有"狼性"的人才。

连华为的国际对手也不得不承认,华为人的"狼性"精神是最可怕的,他们不惜代价地穷追猛打,以其独有的方式获得竞争优势。

华为团队具有的"狼性"精神,不仅体现在其高度的危机感、敏锐的洞察力、激烈的进取心、高度的团队凝聚力等几个方面,而且还表现为心态积极、行为主动、勇于挑战、不畏困难、信念坚定、全力以赴等具体行为上。

不论是在国内还是在国外,华为团队流行了多年的"胜则举杯相庆,败则拼死相救"的口号,是对华为"狼性"精神的最好概括和总结。

狼之所以能够在比自己凶猛的动物面前获得最终胜利,原因只有一个:团结。即使再强大的动物恐怕也很难招架一群早已将生死置之度外的狼群的攻击。可以说,华为团队协作的核心就是团结互助。

不难看出,华为的"狼性"不是天生的,而是在后来的生存和奋斗过程中逐渐积累形成的。任正非坚信一条真理:从来都没有什么救世主,也没有神仙皇帝。企业要富强,必须靠自己,靠发展一群战无不胜、攻无不克的"华为狼"。

(资料来源:《华为的团队精神》,王伟立,海天出版社2013年版)

二、项目启示:将团队协作进行到底

通过以上案例不难明白,华为的狼性文化在其初创期起了极其重要的作用。华为如果没有敏锐的嗅觉、不屈不挠的进攻精神和群体奋斗的协作精神,就很难在市场中有立足之地,因此华为的狼文化在塑造企业形象、激发员工进取精神以及同事之间团结互助等方面发挥了重要的作用。

(一)步调一致,战无不胜

俗话说"人心齐,泰山移",人类从开始走向文明的时候起,就已经明白了团结的重要性。同样，人类每一个成就的取得，也都是集体智慧的结晶。没有团结，就没有人类的文明。

团结能排除困难、度过危机。一个团队，需要每一个成员的努力，更需要每一个成员的团结，这样才能战无不胜、攻无不克。

毛泽东说过："团结一致，同心同德，任何强大的敌人，任何困难的环境，都会向我们投降。"当今时代是一个团队至上的时代，所有的事业都将是团队的事业。在职场上，个人的力量微乎其微，一个人很难编织出工作、生活的网络，我们更应该把自己看作其中一根坚韧的线，我们为这个网络做任何事情，其实也是为了我们自己。

（二）合作才能走向未来

人与人的合作不是人力的简单相加，如果把每个人的能力都设定为1，那么10个人合作的结果要比10大得多。

在很多情况下，单靠个人能力很难完全处理各种错综复杂的问题，也很难采取切实高效的行动。所以需要人们组成团队，组织成员之间互相依赖、优势互补、共同合作，来解决错综复杂的问题。团队成员必须协调行动，保证团队的应变能力和持续的创新能力，依靠团队合作的力量创造奇迹。

著名的成功学专家拿破仑·希尔说过："没有与他人的协作，任何人都无法取得持久性的成功。"一个人只有懂得合作才有发展的机会。在现代职场中，我们要想完成任务，提高自己的执行能力，就必须懂得借力与分享。

（三）培养自己主动做事的协作品格

物竞天择，适者生存。狼为了在残酷的优胜劣汰的动物界生存，从不守株待兔，而是认真地观察和寻找猎物，主动攻击一切可以捕获的对象。

我们都有成功的渴望，但是成功不是等来的，而是努力做出来的。我们不应该被动地等待别人告诉我们应该做什么，而应该主动去了解公司需要我们做什么，自己想要做什么，然后进行周密规划，并全力以赴地去完成。当上级交给我们任务的时候，一般只提出目标和要求，至于如何完成任务，就需要我们自己去发挥主动性和创造性了。特别是当我们要独当一面的时候,更需要有主动思考的能力。只有具备主动做事精神的员工才是优秀的员工。

在工作中,主动做事不仅会让你脱颖而出,而且能激发出你的潜能,使你超越自我。主动做事,能让你抓住更多成功的机会;主动做事,能让你尽快地融入团队;主动做事,你会发现自己的能力在锻炼中逐日提高,发展的空间也越来越大。

千万不要把"要我做"当成完成任务的宗旨,高绩效喜欢与"我要做"的那类人结缘。不管你面对的工作多么难,"我要做"的主动精神都会让你自己乃至你所在的团队取得卓越的业绩。

(四)正确理解个性和团队合作的关系

团队合作不会泯灭个性、扼杀独立思考。相反,一个好的团队,会鼓励和正确引导员工将个人能力最大限度地发挥出来。

(五)提升团队成员之间的信任感

信任是连接人与人之间的纽带。在企业中,信任也是一种管理方式。能力再强的领导也总有顾及不到的地方,只有充分授权,信任下属,把有能力的人安排到各个岗位上,让他们充分发挥自己的能力,使其能够做出符合企业发展的正确决策,企业才会高速运转,才有生命力。

信任,作为高素质团队的特征之一,能推动团队的发展。团队能不能飞跃,首先看团队成员能不能建立起相互的信任。从个人关系中不难知道,信任是脆弱的,它需要很长时间才能建立起来,却又极容易被破坏,破坏之后要恢复又非常困难。更重要的是,信任模式是一个两极循环模式——信任会带来更加信任,不信任会带来更加不信任,要维持一种信任关系就需要团队成员的精心呵护。所以,相互信任是团队的灵魂。

在信任的构建过程中,信任的五个要素,即正直、能力、惯性、忠诚和开放,是必不可少的。牢记这五个信任要素并真正落实到团队的行动中,团队成员间相互信任的气氛将会很容易建立起来。

（六）认同你所服务的团队

团队中的成员既是团队中的一员，也是一个独立的个体，不同的人有着不同的自我价值追求，有着不同的自我发展目标。团队成员如果不能认同团队的目标、理念和文化，那么在工作中就会和同事产生很多矛盾，遇到许多阻碍，对工作也没有积极性，最终工作也做不好。只有在认同自己所在团队的基础上，个人才能在团队中有所成就，才能实现自我价值。

团队的认同感是指团队成员对一些重大事件与原则问题，通常能有共同的认识与评价，这主要是因为团队成员有一个共同的目标，彼此间存在共同的利害关系。

员工的团队认同感不仅仅是对企业的业绩和规模的认同，以及约定俗成的规章制度和行事原则的认同，更是对团队心灵上、精神上、文化上和价值上的认同。如果团队成员对企业有良好的认同感，那么每个人都不是被动地去工作，而是主动地、有热情地去工作，这样就能实现较高的工作效率，大大降低企业的监督成本。因此，建立团队认同感更深远的意义在于能够激发团队成员工作的动力和热情。有研究表明：个人与企业有共同的价值观能增进个人与企业的工作效率。许多优秀的团队，团队与团队成员之间都具有相同的价值观和信念。

当今时代，企业越来越需要员工的通力合作。商界风云变幻，没有强大凝聚力的企业会被不时刮来的狂风暴雨击垮。只有使所有员工抱成一团，才是企业的成功之道；只有使员工懂得与其他人合作、时刻心存大局观念、不计较个人利益得失、把自己的追求融入团队的总体目标，才是企业发展的正确方向。

三、项目训练：各尽所能，团结胜利

训练内容：
团队成员发挥各自的特长及优势，团结协作，取得最后的胜利。

训练目的：

1. 充分发挥团队成员的特长。

2. 训练团队成员的配合及沟通能力。

3. 各尽所能,增强小组凝聚力,争取团队胜利。

4. 共同感悟团队精神。

训练要求：

1. 准备：呼啦圈(若干个)、跳绳(若干条)、毽子(若干个)。

2. 将全班同学分成若干小组,一个小组作为一个团队,每个团队大约10人。

3. 游戏规则：

每队先选出一个人转呼啦圈,当完成20次以后,第二个人开始跳绳；当第二个人跳绳到20下时,第三个人开始踢毽子。在这一过程中,转呼啦圈和跳绳的人不能停,当踢毽子的人完成了10个的时候游戏才算结束。

4. 在游戏过程中,如果有一个环节失败,游戏要从头开始。

5. 每组要在限定的5分钟内完成比赛,否则也算失败。

6. 按游戏完成的时间来计算成绩。

第七单元 提升抗压能力

在本单元你将认识到情绪管理的重要性，懂得驾驭自己的情绪，学会常见的减压方法，学会善待自己，才能创造内心的和谐，才能取得成功；扫描右侧二维码，详细了解本单元的主要内容。

单元训练目标

1. 能够认知并管理自己的情绪。
2. 提升缓解压力的能力。

第七单元
授课视频

项目 13　有情绪，也要正确表达

一、项目案例：踢猫效应和钉子事件

案例 1

踢猫效应

人的不满情绪和糟糕心情，一般会在社会关系链条中依次传递，由金字塔尖一直扩散到最底层，无处发泄的最小的那一个元素，则成为最终的受害者。所谓"踢猫效应"指的是人与人之间的泄愤连锁反应。在心理学上，"踢猫效应"是这样说的：

某公司董事长为了重整公司一切事务，许诺自己将早到晚回。事出突然，有一次，他看报看得太入迷以致忘了时间。为了不迟到，他在公路上超速驾驶，结果被警察开了罚单，最后还是误了时间。这位董事长愤怒之极，回到办公室时，心情依然很糟糕，他将销售经理叫到办公室训斥一番。销售经理挨训之后，气急败坏地走出董事长办公室，将秘书叫到自己的办公室并对他挑剔一番。秘书无缘无故被人挑剔，自然是一肚子气，就故意找接线员的茬。接线员无可奈何垂头丧气地回到家，对着自己的儿子大发雷霆。儿子莫名其妙地被父亲痛斥之后，也很恼火，便将自己家里的猫狠狠地踢了一脚。

案例 2

钉子事件

有一个男孩脾气很坏,于是他的父亲就给了他一袋钉子,并且告诉他,当他想发脾气的时候,就钉一根钉子在后院的围篱上。第一天,这个男孩钉下了40根钉子。慢慢地,男孩可以控制他的情绪了,不再乱发脾气,所以每天钉下的钉子也跟着减少了,他发现控制自己的脾气比钉下那些钉子来得容易一些。终于有一天,父亲告诉他,从现在开始每当他能控制自己脾气的时候,就拔出一根钉子。一天天过去了,最后男孩告诉他的父亲,他终于把所有的钉子都拔出来了。于是,父亲牵着他的手来到后院,告诉他说:"孩子,你做得很好。但看看这些围篱上的坑坑洞洞,这些围篱将永远不能回复从前的样子了,当你生气时所说的话就像这些钉子一样,会给别人留下很难愈合的疤痕!"

二、项目启示:管理自己的情绪,创造内心的和谐

当下,生活的节奏越来越快,人们在享受现代生活诸多便利的同时,也面临着巨大的压力。不少人的神经常常处于紧张状态,好像一张满弦的弓,稍有不慎就会绷断。在如此高压下,很多心理承受能力不强的人,遇到一点不顺心的小事都会将其无端地放大,使得情绪一落千丈,怒火就会喷射而出。如果此时周围的人也处于这种状态,那么,糟糕的情绪便会像瘟疫一样在人群中传递和蔓延。稍不留意还会波及自己的家人,使他们成为"踢猫效应"链条末端无辜的受害者。

"踢猫效应"和"钉子事件"告诉我们,在现实生活里,许多人在受到批评之后,首先不是冷静下来想想自己为什么会受批评,而是心里面很不舒服,总想找人发泄心中的怨气,后果当然是去"踢猫"或"钉钉子"。其实这是一种没有接受批评、没有正确地认识自

己错误的一种表现。每个人在受到批评后心情不好都可以理解，但被批评之后去"踢猫"或者"钉钉子"，这不仅于事无补，甚至会引发更大的矛盾。

你现在的心情如何，是欢乐、幸福、烦恼、生气、担心、害怕、难过、失望，还是平静，或者是你根本不了解自己的心情。一早起来，也许你会因为看到阳光普照而心情愉快，也可能因为细雨绵绵而心情低落；也许你因为逃课没被点到名字而高兴，然而考试周的到来又让你担心；谈恋爱的你，心花怒放，失恋的你却又垂头丧气……我们拥有许多不同的情绪，而它们似乎也为我们的生活增添了许多色彩。那么，有情绪到底好不好呢？一个成功的人应不应该流露情绪呢？其实真正的问题并不在于情绪本身，而在于情绪的表达方式。以适当的方式在适当的情境下适度表达情绪，才是正确的情绪管理之道。

（一）量力而行，不过分苛求自己

不能做到最好，但完全可以放松心态做得很好；不能拥有伟大，但完全可以静守平凡，用平和的心态充实而有意义地过好每一天。

在现实生活中，像"踢猫效应"中那位董事长的人很多，他们过分地苛求自己努力做到最好，在每一件小事上苛求完美。他们甚至不敢公开表达自己的消极情绪，长期的压力和压抑会让他们产生极为消极的心理反应，同时这种不良情绪又会影响或蔓延给其他人。

我们可以试想这样一个场景。当老板说"你当前的工作业绩不错，但是我希望你每月完成四件任务，而不是现在的三件"时，不苛求的人想到的是自己的三件工作任务都完成得不错，努力得到认可；而苛求的人看到的则是那未完成的第四件任务。所以这样的心态必然导致两种不同的结果：一是积极活跃，而另一种则是悲观沮丧。

不论在生活还是在工作中，我们都要提倡认真，认真的人通常将自己的工作做得更为出色，让生活变得更为精致，也能让人生变得更加幸福和充实。认真的态度固然是好的，但是在现实生活中，我们要注意避免走向另外一种极端，即认真得近乎偏执，对自己过分要求，导致情绪低落，生活过于沉重。过分要求自己的人，平时总会感到自己的压力很大，经常处于焦虑和疲惫之中。

古语说："水至清则无鱼，人至察则无徒。"人的一生，经历挫折、坎坷都是难免的，痛苦和欢乐是同在的,烦恼与幸福也是共存的。在现实生活中,对人、对事、对自己都不宜苛求。我们一定要理性地认清自己,面对现实,量力而行,远离孤寂与焦灼的情绪,这样我们才能更加深刻地体会生活与成功的意义。

(二)与其抱怨,不如做力所能及的改变

生气的时候,试着从自己的身上找一下原因,也许情绪会不再激动,很多事情看起来就没有那么不如人意了。抱怨是一种害人伤己的情绪,是一颗钉在心灵笆篱上的钉子。

现实生活中,我们每天遇到的抱怨声音太多了,有别人的,也有自己的。在抱怨声中,似乎世界真的是一团糟,然而在那些不抱怨、踏实生活的人眼中,生活依然是那么多姿多彩。

遇到麻烦想抱怨的时候,我们试着这样问自己:我为什么要抱怨?我凭什么抱怨?为什么只有我不满意,而别人却满意呢?事实上,在一个不好的环境中,有的人一直喋喋不休地埋怨,而有的人却能淡然处之,原因或许就在自己身上。

偶尔对生活抱怨一下无可厚非,因为适当的抱怨确实可以舒缓压力,在这样无关痛痒的抱怨之后,我们可以继续认真积极地做自己的事情,但是,一个人如果长期处于这种状态,那么他的生活就真的没有什么乐趣可言了。

抱怨对解决事情而言没有任何实质性的帮助,整日抱怨不但使自己变得更烦躁,也白白地浪费了自己的时间和精力,我们不能因为迟到了,就抱怨公交车开得太慢。一个成功的人永远不会为自己的错误找借口,他们会停止抱怨,从自己身上找出原因,进而取得事业的进步。与其抱怨,不如做力所能及的改变。

(三)心平气和地面对不平事

世界是多元的,否则社会就失去了它的多姿多彩。在漫长的人生道路上,每个人都不可避免地会遇到许多不平之事,我们该以怎样的心态去面对呢?

从健康的角度来讲,如果人在不平事面前不能保持心理平衡,也就是说对人对事不能做到心平气和,则会危害健康。《黄帝内经》中说:"怒则气上,喜则气缓,悲则气消,恐则

气下。"现代医学也发现，人类70%～90%的疾病都与心态有着极大的关系。如果人的心态不好，爱着急、爱生气，人体的免疫系统就容易被破坏，这个人便易患高血压、冠心病、动脉硬化等病症。所以，好的心态对人的身体健康是有益的，谁能在不平事面前保持一颗平常心就等于掌握了保持健康的金钥匙。

人的心理常常受到伤害的原因之一，就是在每件事上都追求绝对的公平。其实，世上根本就没有绝对的公平。另外，不公平是一种进行比较之后的主观感觉，如果你非要寻求一个公平的话，就改变衡量公平的标准吧，只要改变一下这种比较的标准，就能从心理上消除不公平感。尽力调整好自己的心态，对任何事都保持一颗平常心，很多问题就会迎刃而解，种种矛盾与心结也就自然能打开了。

（四）放松心态，压力才会变成动力

生命如旅行，唯有放松心态，才能步履从容！每个人在生活中都有压力，这些压力来自各个方面，工作、学业、感情……然而，为什么有的人在压力之下，活得轻松自在，有的人却每天都愁眉苦脸呢？

其实，很多成功的人如你我一样，都是普普通通的人，如果你问这些人有什么秘诀，那么他一定会回答你："很简单，你把压力变成动力不就好了吗。"这个问题看似很复杂，实际上却很简单，那就是"放松心态"。如果从现在开始反省以前的种种做法，学会放松心态，你就会发现，压力没有想象得那么恐怖，相反，它还会成为一种激励因素，让你鼓起勇气奋力前行。

面对压力，生活中的不少人都会表现得极端痛苦，越是抱怨，就越是悲观沮丧。在他们的眼里，压力是阻力，是一种负担和包袱。因此，得不到快乐也就理所当然了。

压力在现代生活中很常见，能否通过它得到快乐的生活，关键看自己的选择。懂得反省，懂得如何改变自己的心理状态，那么压力就不可怕，反而会成为收获快乐的助推器。

总之，在生活中我们的情绪时刻都会发生变化。要管理情绪，首先要学会体察情绪，客观冷静地分析自己情绪产生的缘由，慎重思考激动情绪所产生的后果，然后适时地表达出来，进而解开心结，这样一方面有助于缓解压力，另一方面还能增进团队成员之间的了解。另外,智慧的情绪管理者,会合理地释放和排解负面情绪。积极的心态带来积极的情绪,从而促发积极的行动。排解情绪的目的在于给自己一个理清想法的机会,其方式有很多,如倾诉、痛哭、运动。如果我们能多想想,并根据自己的情况选择适合自己且能有效缓解压力的方式,相信我们一定可以控制好情绪,而不是让情绪控制自己。

三、项目训练:你是不是能够驾驭愤怒情绪的人

训练内容:

通过做心理测试题的方式来了解自己,看看自己是愤怒的主人,还是愤怒的奴仆。

训练目的:

1. 学习从多角度认识自己。
2. 客观真实地分析自我、管理自己的情绪。
3. 通过测评,解读自己的性格特质与潜能,了解管理情绪的优劣势,加强自我认知。

训练要求:

请如实回答以下问题,然后参考后面的测试解析,并按照给予的建议加以改正。

1. 你经常发脾气吗?

   A. 我不爱发脾气,从没有真的发怒过,而且每当别人有这种愚蠢的孩子气的行为时,我都会感到非常可笑。

   B. 我有时也发怒,可一旦事情过去,总会觉得有点惭愧。

   C. 我经常发怒,甚至因为很小的事情;我有时知道自己错了,然而很难开口承认。

2. 你对电影中的愤怒场面怎么看?

   A. 我不喜欢电影中的愤怒场面,就像不喜欢生活中的愤怒场面一样。

   B. 我欣赏电影中的愤怒场面,虽然自己不会去摔东西,但看这种非常真实的

场景使我满足。

C. 对此我有强烈的共鸣,事实上它教会我怎样在生活中表达愤怒。

3. 你生气时的表现如何?

A. 默默地走开。

B. 努力克制,但是不管干什么心里都烦。

C. 大叫大喊,让人们都知道我有多么愤怒。

4. 当你受到伤害时,你会怎样?

A. 伤害使我痛苦极了,我再也不会提这件事的。

B. 当感到自己受了伤害时,我会几个小时都说不出话来。

C. 当感到自己受了伤害时,我会当场反击。

5. 当对方发怒时,你会怎样?

A. 愤怒的人使我害怕,我总是想法与对方和解,或者躲开对方。

B. 别人和我翻脸时,我先听对方说完,然后设法使对方平静下来,以便我们能够开诚布公地谈谈。

C. 我不怕别人发怒,事实上我喜欢吵架。

6. 你是否会与家人或亲近的朋友吵架?

A. 从不。　　　　　B. 有时。　　　　　C. 经常。

7. 你是否认为人们应该相互说出真实的想法?

A. 如果会引起麻烦,就不说真话。

B. 不,我宁愿将真话藏在心底。

C. 是的,永远这样。

8. 在家里吵架时,你摔东西吗?

A. 从没摔过。

B. 只是在极度愤怒时摔。

第七单元　提升抗压能力

C. 是的,有时摔。

9. 你知道自己做了件会激怒家人或好朋友的事,但你认为自己没有错。你会怎样?

A. 对此保持沉默。

B. 告诉他们,并任由他们愤怒。

C. 大胆地告诉他们,并试图说明缘由。

10. 你的家人不断地就一个问题责骂你,你会怎样?

A. 忍耐着,但会长时间生气。

B. 偶尔会发脾气,然后很快平静下来。

C. 每次都会吵起来。

11. 你是否认为争吵摧毁了友情?

A. 是的。

B. 不一定,看朋友关系的亲疏。

C. 不是,理智的争吵能增进友情。

12. 当你在外面生了气,你是否会将愤怒加在与你亲近的人身上?

A. 从不。

B. 你试图克制,却无法控制。

C. 经常。

13. 你买了一件很贵的新鲜玩意儿,可一星期后就坏了,你会怎样?

A. 尽一切可能要求赔偿。

B. 打电话给商店,温和而理智地要求退货。

C. 寄一封措辞激烈的信或打电话骂卖家一顿。

14. 因为前面一个人在检票口笨手笨脚地找票,使你恰好没赶上车,你会怎样?

A. 感到愤怒,但什么也不表现。

B. 像以往那样耸耸肩了事。

C. 告诉那人他误了你的事。

15. 凌晨1点钟时,你被邻居家的音乐吵醒,这已经是两周以来的第三次了。你会怎样?

A. 非常生气,但什么也没做。

B. 清晨从门缝中礼貌地塞张纸条。

C. 径直走过去大声地叫他们安静下来。

16. 最近你看到一部极糟的电影,你会怎样?

A. 坐在那等到散场。

B. 中途退场。

C. 写信抨击,或在某些公共场合表达你的不满。

17. 你排队时有人到你前面插队,你会怎样做?

A. 瞪着他,什么也不说。

B. 拍拍他的肩膀,叫他到后面排队去。

C. 向队伍里的人大声抱怨。

18. 在一家高级餐馆,服务员将菜汤撒在了你的裤子上,你会怎样?

A. 从牙缝里很不情愿地说一句:"没关系。"

B. 真心说一句:"没关系。"

C. "你赔我的裤子!"

19. 你预约后在诊所里候诊,但过了预约时间20分钟后仍没有被叫到,你会怎么做?

A. 继续等。

B. 礼貌地解释说你必须走了,并且重新约一个日期。

C. 大声抱怨着走出去。

20. 如果售货员对你态度粗鲁,你会怎样?

A. 觉得丢脸,但什么也没说,只是想以后再也不来这家店了。

B. 猜想对方可能今天不顺心,并且忘掉这事。

C. 以同样粗鲁的态度回敬对方。

21. 你和一个惹恼你的陌生人吵了起来,你会怎么做?

A. 尽快从争吵中撤退。

B. 克制着不发脾气,并且顺着对方。

C. 告诉对方你认为对方有多么坏。

计分标准：

选择A得0分,选择B得3分,选择C得5分。

测试解析：

第1题至第5题测试的是你在愤怒情境中发怒的程度,请将这5题的分数相加看一下结果。

0～10分：出于某种原因而害怕愤怒,不仅怕自己发怒,也害怕别人发怒。如果你的分值低于7分的话,你很可能属于那种"没脾气"的人。

11～17分：你了解自己的愤怒并能适当地表达。你不是个容易愤怒的人,能克制自己尽量不发脾气。

18分及以上：你发起脾气来无所顾忌,容易使他人感到威胁和敌意。有时会感到自己情绪失去了控制。

第6题至第12题测试的是你在个人关系中的易怒程度,第13题至第21题测试的是你在社会关系中的易怒程度。请将这16道题的分数相加看一下最终结果。

60分以上：你属于无法控制愤怒情绪的一类人。

40～59分：你属于能够控制愤怒情绪的一类人。

39分及以下：你属于经常压抑愤怒情绪的一类人。

项目 14　关爱自己，提升缓解压力的能力

一、项目案例：绝望的驴子

有一天某个农夫的一头驴子不小心掉进一口枯井里。农夫绞尽脑汁想办法救出驴子，但几个小时过去了，驴子还在井里痛苦地哀嚎着。最后，这位农夫决定放弃，他想这头驴子年纪大了，不值得大费周章去把它救出来，不过无论如何，这口井还是得填起来。于是农夫便请来左邻右舍帮忙一起将井中的驴子埋了，以免除它的痛苦。农夫的邻居们人手一把铲子，开始将泥土铲进枯井中。

当这头驴子了解到自己的处境时，刚开始哭得很凄惨。但出人意料的是，一会儿之后这头驴子就安静下来了。农夫好奇地探头往井底一看，出现在眼前的景象令他大吃一惊：当铲进井里的泥土落在驴子的背部时，它将泥土抖落在脚下，然后站到泥土堆上面！就这样，驴子竟然出来了，然后在众人惊讶的表情中快步地跑开了！

项目 14 微视频

二、项目启示：提升抗压能力，锻炼抗压体质

就如上述案例中的驴子，在生命的旅程中，我们有时候难免会陷入"枯井"里，被各式各样的"泥沙"倾倒在身上，而想要从这些"枯井"中脱困的秘诀：将"泥沙"抖落掉，然后站到上面去！在现实生活、学习及工作过程中，很多人坦言压力很大，如果这时能向这头驴子学习，变压力为动力，变消极为积极，则有助于使我们变得顺心如意，实现自己美

好的人生规划。告诉自己,不轻易放弃就一定会有收获!

(一)认知压力

人人都会有压力。压力有很多种形式,有些明显,有些隐秘,有些是阶段性的,有些则持续不断。研究者用三种取向来定义压力。

(1)将压力视为"刺激",研究重点集中在探讨压力源带来的冲击上。例如有些人把他们紧张的来源归咎于外在事件或环境因素,如有一份"压力大的工作"。环境的刺激使我们感到威胁或伤害。压力源主要包括灾难事件、重大生活事件、长期的环境问题等。

(2)将压力视为一种"反应",探索压力源引发的压力状态。有人会用压力来形容他们的紧张状态,比如要上台演讲时,自己就会觉得压力很大。这种反应有两个成分,一个是心理成分,主要是个人的行为、思考形态,以及情绪,也就是所谓的"觉得紧张"。另一个是生理成分,包括各种身体的反应,如心跳加快、口干舌燥、胃部紧缩、手心出汗。这些针对压力出现的心理及生理反应就是压力状态。一般来说,在情绪上,面对压力感到不愉快,感到恐惧和焦虑是最为常见的;另一种反应是生气,特别是当人受到挫折的时候,如被他人拒绝、交通堵塞、失业,而生气常引起攻击反应,如与人吵架、大喊大叫。

(3)将压力视为一种"过程",过程中包含人与环境之间持续的交流与互动。例如:一个人因交通堵塞而耽误了重要会议,于是在车上不停地看表、摁喇叭、抱怨,而且越来越生气;另一个人却能保持平静,打开收音机听音乐。因此,你的想法、情绪控制、行动力、资源的运用等,会使你对压力产生不同的反应。

总之,压力无处不在,任何反常的事情都会对我们造成压力,当人与环境的交流使得我们感觉到环境的要求与自己生理、心理,及社会系统的资源之间有了差距时,压力便产生了。但压力可以缓解或转化。应该努力把压力转化为促使自己努力开动脑筋、合理安排时间、找出解决办法的动力,使自己不但能缓解压力,而且能继续前进,走向成功。

(二)压力过大影响身心健康

人们的情绪对健康有很大影响。与压力有关的情绪,如焦虑、沮丧,会对健康产生不良影响。研究表明，当生物面临危难时，交感神经会释放肾上腺素，内分泌系统会释放激素类物质，身体就会产生如心跳加快、呼吸急促、胃部紧缩、神经肌肉紧绷等反应。接着，身体尝试适应这个压力源，生理的激动状态消退了一些，但仍比平时高。然而，这种激发的状态若持续太久，会消耗身体的能量而使人觉得疲惫，免疫系统也会受损，从而对健康造成伤害。

（三）睡眠解压

虽然带着压力工作已经成为很多人的一种生活方式，但这并不意味着我们应该对压力坐视不理，任其损伤我们的身体、情绪和精神。锻炼抗压体质的第一要务就是保证有规律的、充足的睡眠。

在现代生活中，很多人每天看电视或者上网到很晚，充足的睡眠得不到保障。睡眠不足不利于身体健康。一般来说，成年人每天需要8小时的睡眠。如果得不到充足的睡眠就会出现以下症状：更容易恼怒；抑郁；焦虑；难以集中注意力；犯错误和发生事故的概率增加；反应变得迟钝（驾车的危险因素）；免疫系统功能衰退；体重增加。

请从现在开始下决心改变一下生活方式，该做的工作早些完成，以此获得充足的睡眠时间；如果你每天都看电视或者上网到很晚，不如在接下来的几天里放弃这些娱乐项目，体验一下多睡一会儿是如何改变你的心情和体能的。

如果存在睡眠障碍，当然要找到一种适合的解决方法。我们可以适当增加白天的运动量；不要在晚上喝酒精类的饮料，食用健康、清淡、低脂肪、低碳水化合物的晚餐；睡前不妨先洗个热水澡、喝杯牛奶、自我按摩、深呼吸、彻底放松心情，很快睡意就会悄然降临！

总而言之，睡眠不足会增加压力，损害健康，限制潜力的发挥。保证充足的睡眠非常重要。

（四）纠正习惯

1. 坏习惯对人的影响

坏习惯会使自己和他人感到不适，也会使自己和他人产生压力。很多坏习惯会影响生理健康、情绪稳定和意识的敏锐度。坏习惯通常会带来两种压力。

（1）直接压力。很多坏习惯对身体有直接的负面影响，吸烟、酗酒等会将毒素直接引入体内或使体内产生毒素，扰乱机体运行。醉酒使人心烦意乱，使人更容易生气、出错，甚至还会引发各种疾病。

（2）间接压力。习惯也会间接影响压力水平。知道自己酗酒、睡得太晚、忘性太大等，可能会引起挫败感和自尊心的丧失，从而影响第二天的工作和生活。

2. 坏习惯的纠正办法

为了增强缓解压力的能力，首先必须纠正坏习惯。冰冻三尺非一日之寒，要纠正个人的坏习惯需要一段时间，也需要一些方法。

（1）学会停顿。每次出现不良习惯行为之前，学着停顿，然后思考片刻。问问自己：这对身体有好处吗？这对精神有好处吗？这对我有好处吗？事后我会为此感到开心吗？

（2）计划是关键。避免混乱的最好办法就是列出明确的计划，依次解决问题，并严格按照计划安排工作。

总之，态度和性格决定了行为，行为也能决定态度和性格，不要自认为"我就是这个样子了"，不要觉得吸烟、暴饮暴食、打断别人说话是改变不了的。抽出一天的时间，让自己不要成为"这个样子"，体会没有这些坏习惯的感觉。改掉坏习惯或许比你想得更容易、更快，使你发现自己完全可以是"另一个样子"。

（五）学会放松

放松可以帮助我们保持更加良好的状态，提升缓解压力的能力。在压力没有加重之前，我们可以尝试以下的放松方法。

1. 倾诉

倾诉可取得内心感情与外界刺激的平衡。当遇到不顺心的事、烦恼和不幸时，切勿忧郁压抑，把心事深埋心底，而应将这些烦恼向你认为值得信赖、头脑冷静、善解人意的人倾诉。

2. 旅游

一个人当心理不平衡、有苦恼时，应到大自然中去。植被丰富的地方，其空气中含有较多的空气负离子,一定程度上能增强人体免疫力,提高机体的调节功能,有利于促进机体的健康。身体越健康,心理就越容易平静。

3. 读书

读自己感兴趣的书,读使人轻松愉快的书。当你读到一本令人爱不释手的好书时,世间的一切烦恼都会抛到脑后。

4. 听音乐

音乐是人类最美好的语言。听轻松愉快的音乐会使人心旷神怡,沉浸在幸福愉快之中而忘记烦恼。放声唱歌也是放松的一个好办法。

5. 深呼吸

最简单的放松方式就是深呼吸,让呼吸带走压力。深呼吸是靠腹部肌肉的扩张和收缩来进行的,其关键是呼气。有意识地进行深呼吸可以抑制压力的产生,还有助于增强肺功能。

6. 培养雅趣

雅趣包括健身、下棋、打桥牌、绘画、钓鱼等。从事你喜欢的活动时,不平衡的心态自然会逐渐走向平衡。

7. 做好事

做好事,可以获得快乐,平衡心态。做好事,内心会得到安慰,感到踏实;得到别人的赞扬时,心情也会愉快。在别人需要帮助时,伸出你的手,施一份关心给人,自己也会更开心。

8. 忘却

忘却也是放松的好办法。忘记烦恼,忘记忧愁,忘记苦涩,忘记失意。这样你便可以乐观豁达起来,人生的道路是曲折坎坷的,对于负面情绪和事物,能一笑置之,那么你就得到了解脱,压力自然会减小。

综上所述,提升抗压能力的关键是首先要深刻理解压力,了解压力对自己身心健康和生活幸福的负面影响,进而采取有效的方式方法对压力进行管理。通过行之有效的压力管理训练,了解自己的压力源,努力缓解压力;改正自己的不良习惯,提高生活品质;学会放松,享受生活。

三、项目训练：分析个人的抗压临界点

训练内容：

进行个人压力测试，了解自己的抗压临界点。

训练目的：

1. 了解自己可以承受多大的压力。
2. 了解自己在几个方面的压力承受情况。
3. 分析个人抗压能力，判断自己抗压临界点的高低。

训练要求：

1. 请如实回答以下问题，然后参考后面的评判标准，并按照给予的建议加以训练。

（1）以下哪句话最能描述你平时的生活状况？

A. 令人舒心的规律。我每天起床、用餐、工作、娱乐的时间基本相同，我喜欢这种有序的生活。

B. 令人愤怒的规律。我每天起床、用餐、工作、娱乐的时间基本相同，枯燥的重复简直要我的命。

C. 基本规律，却无次序。大部分日子，我会遵循起床、用餐、工作、娱乐的套路。但我从不关心这些事情的具体时间，如果有什么新鲜事发生，那就太好了！我一定会去看个究竟。

D. 极不规律，压力沉重。每天都被事情打乱计划，我渴望有规律的生活，可我的努力总是没有结果。

（2）饮食或锻炼不规律的时候，将会发生什么？

A. 我会伤风、感冒、过敏、浮肿、疲倦，还会出现其他提示我身体出现异常的信号。

B. 我并不关注饮食和锻炼,但是大部分时间感觉良好。

C. 饮食？锻炼？如果我有足够的时间和精力把这些事安排到日程表里的话,我也许会尝试。

D. 我很激动,而且兴致高昂。我喜欢打破常规,我想让自己进入不同的状态。

(3) 如果被某人批评,或者被某个权威人物指责,你会有怎样的感受?

A. 我会惊慌、失望、焦虑、抑郁,好像发生了某件不受我控制的可怕事情。

B. 我会生气,产生报复心理。我会精心设计报复计划,即使我并不打算付诸实施。

C. 我会感到气愤和伤痛,但不会持续太久。我的重点将是如何避免此类情况再次发生。

D. 我觉得被大家误解了。我知道自己是正确的,却又无能为力,这就是自作聪明的代价!

(4) 无论什么原因(音乐会、演讲、演示、讲座),你正在为在众人面前表演做准备,你此时的感受是什么?

A. 我觉得头晕、心慌。

B. 我觉得很刺激,有点颤抖和紧张,精力充沛。

C. 我会避免这种情况,因为我不喜欢在众人面前表演。

D. 我觉得展示自我的机会到了,跃跃欲试。

(5) 处在人群中间的时候,你有何感受?

A. 高兴。

B. 惊慌。

C. 我觉得会有麻烦出现。

D. 暂时觉得没事,然后准备回家。

评判标准 如表 7-1 所示。

表7-1 压力评价表

题 号	略 低	略 高	太 低	太 高
1	A	C	B	D
2	A	B	D	C
3	C	D	B	A
4	C	B	D	A
5	D	A	C	B

2. 从测试解析中对自己有个客观的了解，并尝试适当改变。

（1）如果你的大部分答案集中在"略低"纵列，说明你不能承受太大压力，你总是在寻找能够有效限制压力产生的各种措施。

（2）如果你的大部分答案集中在"略高"纵列，说明你能够承受相当高的压力，你喜欢多些刺激的生活。

（3）如果你的大部分答案集中在"太低"纵列，说明你的抗压临界点很高，现在承受的压力远远低于你能够承受的压力。

（4）如果你的大部分答案集中在"太高"纵列，你或许非常清楚自己的压力已经超过了你的承受能力，你正在遭受着压力带来的负面影响，比如频繁的疾病、无法集中精神、焦虑、抑郁。

（5）分散的答案说明你的压力临界值处于中等，抗压能力较强。

第八单元　培养感恩心态

在本单元你将认识到感恩心态是一种平凡而崇高的品质。做一个感恩的人，用感恩的心去工作，才能在坚守中收获更多。扫描右侧二维码，详细了解本单元的主要内容。

单元训练目标

1. 如何培养感恩的心态。
2. 怎样以感恩的心态去工作。

第八单元
授课视频

项目 15 ▶ 培养感恩的心态，是成功人生的必修课

一、项目案例：感恩——人生最美的补偿

项目 15 微视频

有一位销售总监，他经常给自己的下属分享自己的成功秘诀。当年，他还只是一名牛奶推销员，为了推销牛奶，每天骑着自行车奔波在城市的大街小巷。当时人们大多喝的还是订的玻璃瓶的早餐奶，纸质包装的早餐奶刚刚推出，还不被人们认可。他虽然每天东奔西走到处宣传，但收获并不是很大，最初的一个月，他只推销出去了 15 袋。第二个月，他新联络到 32 个客户。第三个月，他依然满怀信心地奔波着，从没想过放弃。

这天，他像往常一样送着货。其中有个客户是坐在轮椅上的一位老奶奶。他将牛奶交给老人家的时候，老人家的电话响了。原来是老奶奶邀请的一位外地客人到了，客人因为不知道老奶奶家的具体位置，询问路线。他自告奋勇地表示他可以去车站接那位客人。一周后，他不断接到老奶奶周围邻居的订奶电话。两周后，老妇人的儿子打来电话，表示他所在公司决定为员工增加福利，每天都要订几箱奶。此后，不断有新的订奶电话打来，说都是那位老奶奶和她的儿子介绍来的。第三个月，他的推销成绩突破了公司纪录。他想到自己的成功应该感谢老奶奶。而老奶奶却笑着对他说道："你应该感谢的是你自己，因为你帮助了我，我就将你介绍给了我的邻居和我做经理的儿子了。因为像你这么善良的人，一定是一个值得信任的人。"

（资料来源：《工匠心做事　感恩心做人》，谢月华，企业管理出版社 2017 年版，有改动）

二、项目启示：感恩是一种平凡而崇高的品质

常怀一颗感恩的心，感谢他人曾给予过我们一句叮咛、一次微笑、一份关爱，这足以让我们在生活安然时因深深地回味而动情。以感恩的心态面对一切，包括失败，你会发现，人生其实很精彩。

尽管我们为衣食住行所花的钱都是自己或父母辛辛苦苦挣来的，但是当我们在享受这一切的同时，难道不应该去感谢为我们提供生活便利的人吗？也许你现在的工作并不是自己最喜欢的，但你难道不应该感激，是这份工作给了你从未有过的体验和锻炼吗？我们的确应该对周围的一山一水、一草一木心怀感恩，对那些维系我们生命的一餐一饭心怀感恩，对那些曾经给予我们关怀和帮助的人心怀感恩！

（一）感恩生活，知足常乐

弱水三千，只取一瓢饮。就好像人生，只要懂得"知足常乐"，不仅能增添生活的乐趣，生活也会因此越来越美丽。大哲人老子说过："祸莫大于不知足，咎莫大于欲得。"

欲望与生俱来，人人都有。物欲太盛会永不知足，精神也永无宁静，自然就永无快乐。在现实生活中，我们需要理性地看待欲望。唯有保持一颗清凉之心，能理性地看待欲望，人才不会误入歧途。

世事如棋，需要选择和放弃的太多，关键是明白选择什么、放弃什么。衡量的天平不是高，不是大，不是全，而是合适，是知足。合脚的鞋才能让我们健步如飞，感恩生活才会让我们幸福一生。

（二）感恩父母，赐予生命

父母赐予我们生命，无私地养育了我们。因此，尽孝道是我们不可推辞的责任。不要将父母对我们的关爱认为是理所当然的。父母要的不是我们能够给他们什么，而是我们的一片孝心。

在平常的生活中，或许我们一次次地伤害过他们，或许一次次地令他们失望过，但他们始终保持宽容与鼓励。父母的养育之恩是我们一辈子也报答不完的，平常一个小小的礼物，一个问候的电话，就可以令他们喜不自胜。相反，我们生活中有不少人，连自己父母的生日都不记得，有的甚至根本没有问过。

父母的爱，伟大而深厚，这种爱可以渗透到我们的内心，让我们永远不敢忘记、不能忘记；这种爱会陪伴我们一生，我们无论什么时候想起，都会在心中泛起片片涟漪。但我们有时也会遗憾，遗憾没有大声说出对他们的爱，没有让父母感受到我们的感激之情，没有让他们及时分享我们成功的喜悦。

"树欲静而风不止，子欲养而亲不待"，尽孝要趁早，切勿给父母或自己留下人生中最大的遗憾。

(三) 感恩朋友，真诚帮助

朋友，对每个人来说是不可或缺的。提到友情，常常会触动每个人心灵的柔软之处。人的一生需要多种感情来慰藉心灵：如亲情、爱情，还有友情。往往对我们帮助最大的不是朋友们的物质帮助，而是朋友们的精神支持，这种支持能够医治受伤的心灵，给我们带来希望。

在成功的道路上，自身的努力拼搏当然是最重要的力量，但是如果旁边没有人为你摇旗呐喊，摔倒时没有人伸手将你扶起，孤军奋战的你一定会被痛苦压倒，被孤独打败。所以，人生在世，拥有朋友的日子是幸福的。工作和生活中，我们或多或少都会遇到令人心烦意乱的事情，此时，总有他们在帮助我们、鼓励我们，甘愿做我们倾诉的对象。我们理应对朋友的关怀、信任、宽容和善待心怀感恩。

感恩朋友，因为他们可能对我们的人生发展起到推动作用。另外，朋友的言行也是我们的一面镜子，可以暴露我们的缺点，使我们能自我反省。朋友如醇酒，味浓而易醉；朋友似花香，淡雅且芬芳。感恩朋友，善待朋友，便是给自己架设了一座通往成功的桥梁，同时也是为自己构筑了一个幸福的楼台。

（四）感恩磨难，学会坚强

《孟子》中有这么一句耳熟能详的话："天将降大任于是人也，必先苦其心志，劳其筋骨，饿其体肤，空乏其身，行拂乱其所为，所以动心忍性，曾益其所不能。"可以说每个人的一生都不可能一帆风顺，都会遭遇到这样或那样的困苦和磨难。梁启超先生有句名言："患难困苦，是磨炼人格之最高学校。"这句话给了我们很好的启示。我们应该感恩各种磨难，学会坚强；在艰难困苦面前，不能抱怨，不能自暴自弃；我们要将困苦和磨难看成是人生最宝贵的一笔财富，看成是磨炼我们人格的最好学校。

"宝剑锋从磨砺出，梅花香自苦寒来"。磨难是蹲在成功门前的看门犬，怯懦的人逃得越急，它便追得越紧；磨难宛如突然降下的雨，说来就来，你无法躲避；磨难又似横亘的山，搬也搬不走，你只有跨越，只有征服。只有这样，生命中所有的艰难险阻才能成为通向人生坦途的铺路石。

现实生活中有很多磨难：有先天的肢体缺陷，有后天的意外伤害；有各种失利，也有很多无法改变的结果；有羞辱、有责骂，也有重重误会；有情感失败，还有家人的不理解……面对这么多的逆境、失败、苦难，我们不要害怕，更不要因此而消沉萎靡。我们要感恩磨难，是磨难让我们学会了隐忍，学会了坚强；是磨难让我们学会了坚持，学会了耐心地做好每一件事情；是磨难让我们学会了上进，学会了在工作中不断超越自己；是磨难让我们学会了豁达，学会了包容。

不经历风雨，怎能见彩虹。人生的路，总是弯弯曲曲、高低起伏，磨难坎坷时常来袭。磨难既然无法避免，不妨把它当作一次挑战，勇于迎接挑战，从苦难中汲取力量。把接受挑战、战胜困难当作我们的责任；在挑战面前，时刻保持永不言败的心态。惭愧而不气馁、内疚而不失望、自责而不伤感、悔恨而不丧志，在磨难中踏出一条新路，勇于去摘取成功的桂冠。

（五）感恩幸福，懂得珍惜

幸福是什么？对于这个问题一千个人会有一千种答案。在需要时及时得到是幸福，失而复得也是幸福。珍惜得到的一切,珍惜拥有的一切,感恩生活,感恩造物主,幸福就是此时此刻——我们能拥有的和已经拥有的一切。

幸福本没有绝对的定义,许多平常的小事往往能撼动你的心灵,能否体会到幸福只在于你怎么看待它。古罗马历史学家塔西佗说:"当你能够感觉你愿意感觉的东西的时候,能够说出你感觉的东西的时候,这是非常幸福的时候。"生活中常有这样的时刻,如果你稍加注意,就会发现幸福就存在于我们生活的点滴之中,只要我们用心去体验,就能闻到它的味道,那感觉就溢满心间。

没有阳光,就没有温暖;没有雨露,就没有五谷的丰登;没有水源,就没有生命;没有亲情、爱情和友情,就没有爱的温暖相伴。因此我们应该珍惜,珍惜每一次花开,善待每一步停留;珍惜生活的赐予,感恩生命的一呼一吸;即使是一无所有也无须抱怨,因为至少我们来到了这个世界,我们拥有了生命。

感恩,是一种回馈生活的方式,它源自对生活的爱与希望;它是我们的力量之源、爱心之根,是我们成就阳光人生的支点、获得幸福生活的源泉。感恩父母的养育呵护,让我们体验了生命的精彩;感恩师长的传道授业,让我们远离了蒙昧;感恩朋友的风雨同舟,让我们渡过了难关;感恩生命的存在,让我们得以感受人间的关爱;感恩自然的多姿多彩,让我们拥有了生机勃勃的世界……感恩让大爱在人们中间传递,让我们的生活充满灿烂的阳光。心中有爱,世界才有色彩;心中有感恩,生活才有希望。学会感恩,才能拥有真正的快乐,拥有幸福的人生。

学会感恩,培养感恩心态,不仅意味着要培养宽广的胸襟和高贵的德行,还意味着要学习能愉悦自我的智慧。感恩是积极的思考和谦逊的态度,当一个人懂得感恩时,便会将感恩化作一种充满爱意的行动。感恩不是简单的报恩,它更是一种责任,一种追求阳光人生的精神境界!一个人会因感恩而感到快乐,一颗感恩的心就是一粒和谐的种子。我们只要怀有一颗感恩的心,就能发现生活的美好、世界的美丽,就能永远快乐地生活在真情的阳光里!

三、项目训练：做个懂得感恩的人

训练内容：

阅读下面的寓言，体会其中蕴含的意义。

训练目的：

1. 能对自己的现状进行剖析。
2. 通过寓言，解读感恩的重要性。

训练要求：

请仔细研读下面的寓言，同学间相互探讨，自我剖析，说出得到的启示。

神问诗人："你不快乐吗？我能帮你吗？"诗人对神说："我什么都有，只欠一种东西，你能给我吗？"神回答说："可以。你要什么我都可以给你。"

诗人直直地望着神："我要的是幸福。"

神想了想，说："我明白了。"

然后神把诗人所拥有的都拿走，拿走诗人的才华，毁去他的容貌，夺去他的财产和他妻子的性命。神做完这些事后，便离去了。

一个月后，神再回到诗人的身边，诗人已经饿得半死，衣衫褴褛地躺在地上挣扎。于是，神把他的一切都还给他，然后，又离去了。

半个月后，神再去看诗人。这次，诗人不断地向神道谢。

因为，他得到了幸福。

项目 16　感恩才能成就事业和生命的辉煌

一、项目案例：用感恩的心去工作

案例 1

"三个一"要不得

"毕业几乎等于失业"的压力同样压在了知名大学的毕业生小张的身上，经过苦苦寻觅，他终于找到了一份做销售的工作。但令人遗憾的是，小张并没有珍惜这份来之不易的工作：早晨的闹铃响了好几遍了，他还没有起床的意思，并且，脑子里第一个感觉就是——痛苦的一天又开始了。他匆匆忙忙地赶往公司，早餐也顾不上吃。跨入公司大门，还是神情恍惚，坐在会议室，迷迷糊糊地听着经理布置工作……一天的痛苦工作之旅就这样开始了。

小张上午拜访客户，结果遭到拒绝和冷遇，心情简直糟透了，仿佛世界末日即将来临。下午下班前回到公司填工作报表，胡乱写上几笔就拿去交差……一天就这样结束了。

平时没有花时间学习，从不好好研究自己的产品和竞争对手的产品，没有明确的计划和目标，从不反省自己一天做了些什么，有哪些经验、教训，从不认真去想想顾客为什么会拒绝，有没有更好的销售方法，在销售产品的过程中应为顾客带来什么样的服务。当一天和尚撞一天钟，混一天算一天，这就是小张职场生活的真实写照。

第八单元 培养感恩心态

到了月底一发工资,才这么点,真没意思,看来该换换地方了,于是小张很牛气地辞职了。一年下来,他换了五六家公司。日复一日、年复一年,时间就这样耗尽了。结果还是"三个一":一无所获,一事无成,一穷二白。

案例 2

最高的情商,就是满怀感恩地去工作

正因为我们有了工作的机会,才有了生活资源和实现人生价值的舞台;我们的聪明才智才有了萌芽的乐土;我们的人生阅历才得以丰富;我们的能力和才华才有得以施展的机会和空间。

当然,每个人的成功都离不开自己的努力。可无论你的行为是多么的完美和明智,你都不能不对别人心存感激。

想想自己的每次晋升,哪一次没有别人的帮助?正是有了同事的理解和支持,我们才有了成才和晋升的机会。

所以有人这样说:"成功的第一步就是先存有一颗感恩之心,时时对自己的现状心存感激,同时也要对别人为你所做的一切怀有敬意和感恩之情。"

一位由普通职员晋升为总经理的人这样说道:"我刚到这家公司时,只是一名没有任何经验的普通职员,为什么在短短两年内就晋升为总经理?这是因为,我时常怀着一颗感恩的心去工作,我感谢老板给予我的机会,我感谢同事对我的点滴关怀与帮助。'滴水之恩,当涌泉相报'。正是这种感恩之心,让我更加努力地工作,我要尽最大的努力来回报这一切,没想到,生活却给予了我更大的回报。"

二、项目启示：履行职责是发自内心的感恩行为

有这样一句名言："勿以小嫌疏至亲，勿以新怨忘旧恩。"案例中小张造成"三个一"问题的症结就在于一个字"怨"。抱怨会导致不负责，不负责会给公司带来损失，而最终损失最大的是我们自己。作为一名优秀的员工应该清楚对工作负责最终会带来什么样的结果。可以肯定的是，升迁和奖励是不会落在那些不负责任的员工头上的。相反，那些勤奋、积极、敬业的员工往往会在工作中受益：在精神上，会获得快乐和自信；在物质上，会获得丰厚的报酬。

在优秀员工的"职场字典"中，任何一份工作都不是"鸡肋"，而是机遇。他们明白这些工作都是在为自己积累经验，储备力量。机遇藏在每一份工作中，也藏在每一个任务背后。当我们学会感恩，以感恩的心态对待每一项任务时，我们就会充满激情，会表现得积极主动。因此，如果我们想有所成就，就不能只是等待，而是要抓住每一个机会，主动迎着任务上前。案例2中的职员始终把工作当成一种恩惠，履职尽责，成功也就是自然的事情了。

（一）把工作当成自己的事业

一个懂得感恩的员工不仅把工作当成一种职业，更把它当成一种事业。不懂得感恩的员工是既可悲又可怜的，他们只是把工作当成一件差事。对"工作等于事业"的人来说，工作意味着执着追求，力求完美；而对"工作等于差事"的人而言，工作则意味着出于无奈，不得已而为之。

职业就是事业！只有把工作当成自己的事业，我们才能全身心地投入到工作中去，工作才有激情，事业才能发展。只有时刻对公司给自己提供的锻炼机会心存感恩，你才会相信：自己所从事的工作是有价值、有意义的；工作中的压力和单调是可以战胜的；工作不再是一种负担，而是一种乐趣；自己的才华和人生价值定会在工作中得到体现。

把工作当成事业，就没有干不好的工作。懂得感恩，热爱自己的事业，成就自己的事

业，我们才能无愧于社会，无愧于企业，无愧于家庭，无愧于自己。

（二）感恩领导的知遇之恩

有这样一个案例：闫某是个很有才华的人，他从某知名大学毕业后，来到深圳某高新技术公司工作。刚参加工作的他，初生牛犊不怕虎，经过资料收集和实际的市场调研，他给公司老总写了一封信，信里提出了公司存在的问题和发展建议。公司老总读完后称其是"一个会思考并热爱公司的人"，对这个年轻人非常赏识，当即决定提升他为部门副经理。

设想一下，如果没有公司老总的慧眼识珠，闫某的职业生涯可能不会如此顺利。许多成功人士的经历表明，领导的重用能使他们的成长如虎添翼。遇到一位和善且敢于放权的领导，员工在工作实践中会得到更多的锻炼和提高。

现实工作中总会有员工嫌薪水太低，却不想想自己做了多少事。我们唯一能够做的，便是认真地工作，不断地创新，热忱地服务，这也是对领导和自己最大的回报了。在付出努力的同时，我们也会获得更多的经验。我们成长过程中的点点滴滴都离不开领导的赏识和信任，因此，我们应该对领导心怀感恩。

（三）感恩同事的支持和帮助

在工作中，我们总会遇到各种各样的问题。当我们被这些问题深深地困扰时，同事的支持和帮助会像一滴滴甘露洒入我们的心间，鼓舞我们，使我们勇敢地迎接困难和挑战。因此，我们应该心怀感恩，感谢同事的支持和帮助。

可以想象，如果没有同事的帮助，我们在单位里就会孤立无援，寸步难行。唯有怀着一颗感恩之心与同事一起工作，对同事一点一滴的帮助铭记于心，在同事遇到困难时，乐意帮忙，甚至愿意付出更多，我们的职场道路才会更加顺畅，自身也会从中得到更多的快乐。

所以，我们要学会感恩自己的同事。在工作中，要加强与同事的合作，多与同事沟通，平等友善地对待每一位同事，虚心接受他们的批评，做一名敢于承担责任的好"搭档"。如此,公司才能取得良好的发展,员工个人才能实现自己的人生价值。

(四)心怀感恩每天多做一点点

职场上有这样的真理:付出一点,便能够得到一点。往往是点滴的小事造就了优秀的职场人才。对领导分配的任务,能圆满解决的人,就是真正有能力的人。一个人的能力决定了他的成绩,有时候,你只需要多做一点点。而在我们身边,有很多人忘记了这一点,整日怨天尤人,看见别人升职,怨领导有眼无珠;没有得到领导重用,怨自己怀才不遇;没有成功,怨自己生不逢时……这种人不能正确地看待问题,不会检讨自己,只会发牢骚,把精力都花在抱怨上去了,其工作质量可想而知。

工作经验源于学习、源于实践,每天多做一点,就能比别人多进步一点,升职提薪的机会也多一点。每天多做一点点,就是成功的开始;每天创新一点点,就是领先的开始;每天进步一点点,就是卓越的开始。人生的卓越不仅在能知,也在能行。只要我们树立远大的人生目标,脚踏实地、坚持不懈地奋斗,就一定能走向成功。

(五)比领导更积极主动

每个领导都喜欢积极主动的员工,每个同事也愿意与积极主动的人共事。积极主动地工作,是使你成功的法宝,也是你感恩公司、感恩领导的最佳诠释。

积极主动是一种行为美德,更是一个人在职场中应有的工作态度。一个优秀的员工,在工作中应该永远保持积极主动的精神,要把公司当成自己的家,把公司的事当成自己的事,时刻以主人翁的态度工作和要求自己。所以,从现在开始,你应该不必等领导交代就能尽到自己应尽的职责,那样,你不但会得到领导的赏识,还会在同事中获得良好的口碑。在职场中,拥有了良好的口碑就相当于拥有了一笔看不见的巨大财富。

职场中有四种人:第一种人能够主动做自己该做的事;第二种人是在有人告诉他该怎样做之后,他就立刻去做;第三种人只有当别人催促他的时候,他才会去做自己该做的事;第四种人从来不会主动去做自己该做的事,就算有人手把手地教他怎么做,他也不会去做。在推崇主动做事、勤思考、敢创新的现代职场中,第一种人就可以在职场中保持优势地位，取得卓越成绩；第二种人只能算是一个听话的员工，几乎不可能被领导看重和提拔；第三种和第四种人只会将自己推向失败的境地。

那么，怎样在工作中做到更积极主动呢？首先要有主人翁的心态，能主动发现工作中的问题和不足，从而先于别人去思索、去解决。做到这一点的关键是有进取心。进取心能够驱使一个人在无人监督的情况下主动去做自己该做的事。进取心强的员工在工作时，不会有压力，而是把工作当成乐趣。想让自己成为一个有进取心的人，就必须先克服做事拖拉、懒散的恶习，养成立即行动的好习惯。

（六）忠诚与感恩如影随形

感恩是一种美德，心怀感恩的人总是乐于回报他人，甘愿付出更多，勇于承担责任，工作尽心竭力，而尽心竭力地工作正是忠诚的要义。诸葛亮感恩刘备三顾茅庐的知遇之恩，忠诚履职，成就了三足鼎立的霸业，更有《出师表》流芳百世，启迪后人。

现代企业在招聘员工时，看重的不仅是能力，还有忠诚度。这是因为一个人的能力可以在后天的工作中培养，而改变一个人的品质却十分困难。

作为一名员工，对企业感恩最好的方式就是尽自己最大的努力认真做好每一项工作，并对公司忠诚。在争论一个问题时，员工要把自己真实的想法告诉对方，不管对方的意见是否与自己一致。但是，当争论终止、做出决定的那一刻起，员工就必须按照决定去执行。当然，只有心怀感恩的忠诚，才是真正的忠诚，才是经得起考验的忠诚。

军人忠诚于国家，国家才会国泰民安；职工忠诚于企业，企业才会蒸蒸日上；下级忠诚于上级，政府才会政令畅通。在工作中，只要我们每一个人常怀感恩之心，忠诚于自己的岗位，忠诚于自己的工作，我们就一定能够在工作上突飞猛进，在事业上大展宏图。

总之，当你尝试着对自己的工作负责的时候，你的生活会因此改变很多，你的工作也会因此而改变。要改变生活和工作，首先要改变你的工作态度。敬业、主动、负责的工作态度和精神会让你的思路更加开阔，工作更积极。

重视自己的工作吧，从小事做起，一点一滴地积累，你会发现自己离成功不远了。工作是我们衣食住行的保障，感恩是激发我们工作能量的源泉，不管什么时候，我们都要把感恩之心融入所从事的工作中,那么我们的工作热情才会被激发,工作能量才会得到释放,工作质量才会得到提高。

感恩就意味着责任,不懂感恩的学生是没有责任感的学生,不懂感恩的老师是没有责任感的老师,不懂感恩的员工是没有责任感的员工。感恩让人的内心萌生责任意识,责任意识会让我们每一个人表现得更加卓越。

三、项目训练:学会感恩之歌——《感恩的心》

训练内容:

自己利用业余时间,学习演唱歌曲《感恩的心》。

训练目的:

1. 用歌声传递情感。

2. 体会歌词深意,用心歌唱。

3. 真心抒发感恩情怀,引起共鸣。

训练要求:

学会演唱《感恩的心》,体会歌词表达的感情。

附:《感恩的心》歌词

感恩的心

我来自偶然,像一颗尘土,

有谁看出我的脆弱?

我来自何方?我情归何处?

谁在下一刻呼唤我?

天地虽宽,这条路却难走,

我看遍这人间坎坷辛苦,

第八单元　培养感恩心态

我还有多少爱？我还有多少泪？
要苍天知道，我不认输！
感恩的心，感谢有你，
伴我一生，让我有勇气做我自己！
感恩的心，感谢命运，
花开花落，我一样会珍惜！

第九单元 制订职业规划

在本单元你将认识确定目标的重要性。在分析自我、认识自我的基础上正确地进行职业规划、确定职业目标并为之奋斗，是走向成功的不二法门。扫描右侧二维码，详细了解本单元的主要内容。

单元训练目标

1. 充分了解职业规划的重要意义。
2. 掌握职业规划的基本方法。

第九单元
授课视频

项目 17　成功从选定目标开始

一、项目案例：目标就是力量，奋斗才会成功

案例 1

大国工匠——张冬伟

张冬伟，生于1981年12月，大专学历，现为沪东中华造船（集团）有限公司（以下简称"沪东中华"）总装二部围护系统车间电焊二组班组长，高级技师，主要从事液化天然气船的围护系统二氧化碳焊接和氩弧焊焊接工作。

张冬伟刻苦钻研船舶建造技术，潜心传承工匠精神，成为公司高端产品液化天然气船，以及当今世界最先进、建造难度最大的45 000吨集装箱滚装船的建造骨干工人，蓝领精英。他用自己火红的青春谱写了一曲执着于国家海洋装备建设的奉献之歌。

梅花香自苦寒来

1998年，张冬伟进入沪东中华所属的高级技工学校，学的是电焊专业。在校期间，由于成绩优异，他被学校派去参加了在上海船厂船舶有限公司举办的技术交流活动。

2001年，张冬伟从技校毕业，进入了沪东中华。他非常幸运，一进厂，就遇到名师——沪东中华最年轻的焊接高级技师、专家型人才、全国技术能手和中央企业劳

动模范秦毅。当时,他和其他刚进入沪东中华的技校毕业生一起组成了一个小组,由师傅秦毅带着,到船上去工作。

工作后没多久,张冬伟便以其出色的表现获得了一个参加集训的机会。集训十分辛苦,有时为了干好一个焊接的活,需要在钢板上连续工作七八个小时。在集训时,他目睹了秦毅单面焊双面成型的高超技艺。"当时我就感到焊接的学问真不小,很多东西自己还不知道,也没有在书本上看到过,我就对自己说要努力向师傅学习。"他回忆说。事实上,在集训过程中,他作为一个新人,就是凭着"勤奋、认真、好学"的精神给秦毅和其他人留下了深刻的印象。更让张冬伟大开眼界的是,这段时间沪东中华正在积极准备建造国内首艘液化天然气船所需的大量高难度焊接技术培训。

液化天然气船是国际上公认的高技术、高难度、高附加值的"三高"船舶,被誉为"造船工业皇冠上的明珠",只有欧美和日韩等发达国家和地区的极少数造船厂掌握这项技术。研发建造液化天然气船是沪东中华人响应党中央关于早日把我国建设成为世界第一造船大国的号召,为实现中船集团公司"五三一"战略目标而进行的一次自我挑战,它对于推动和保障国家能源战略的实施,具有极为重要的意义。张冬伟是中国首批液化天然气船建造者之一,他从开始接触液化天然气船开始就立志为中国液化天然气船的建造事业做出贡献。在建造过程中,张冬伟发扬了沪东中华"团结拼搏,争创一流"的企业精神,甘于吃苦,勇于奉献,用自己的聪明才智解决了一个又一个难题,为液化天然气船的顺利建造做出了突出贡献。

作为液化天然气船核心的围护系统,焊接是重中之重。承接建造液化天然气船的任务对沪东中华来说是一个巨大的考验,国内没有先例可循,国外又对我们实行技术封锁,只能一步步在摸索中艰难前行。作为一名"80后"焊工,张冬伟的技术水平和经验不比老师傅差,甚至要高出许多,因为他对焊接的喜爱促使他不断地用心去研究和创新,围护系统建造的高难度和高技术正需要他这样的人才。围护系统使用的殷瓦钢大部分只有0.7毫米厚,殷瓦焊接犹如在钢板上"绣花",对人的耐心和责任心要求非常高,短短几米长的焊缝就需要五六个小时,如果不能沉下心来,根本就不能保质保量完成任务。面对肩上的重担,张冬伟不断地磨砺自己,用高标准要求自己。他与技术人员放弃了休息时间,日夜埋头于图纸中,经过不懈攻关,终于完成了任务,并得到了船东和领导的一致好评。

张冬伟在生产过程中非常注意经验的积累、总结。国内没有现成的作业标准,他就不断摸索完善各类焊接工艺,先后参与编写了《14万立方米液化天然气船殷瓦管十字连接件焊接工艺研究》《液化天然气船殷瓦手工焊自动焊焊接工艺》《端部列板操作指导书及修补工艺》《MO2自动焊与MO3凸缘螺柱自动焊产生的主要缺陷和修补方案》等作业指导书,在提高液化天然气船建造效率、保证产品质量方面发挥了积极作用。

坚持到底的魔力

这些年来,张冬伟从一名技校学生成长为顶尖的焊接技能人才,遇到了很多的困难和挑战。但是,他从来没有退缩过。"不管面对多大的阻碍,我都没有想到过放弃,一次都没有。"

其实,在2005年参与国内首艘液化天然气船建造的时候,张冬伟才24岁,却能够几个小时、十几个小时地守在殷瓦板上,持续不断地进行焊接。正是这种不怕困难、坚持到底的信念,让张冬伟具有了远超同龄人的耐心和韧性,也让他在这个原本十分艰苦和枯燥的岗位上,找到了很大的乐趣。

张冬伟坦言,造船行业与其他行业相比,并不光鲜,相反十分艰苦,来自外界的诱惑也很多。不过,坚持到底是他一贯的作风,他不会被外界的繁华所动。他从不到20岁就进入沪东中华技校,毕业后就在沪东中华工作,进厂后一直跟着师傅学习,此后一直参与建造液化天然气船。这些年来,是师傅手把手地教他学技术,是沪东中华给了他参与建造高端产品的舞台,对师傅、对沪东中华,他早已经有了深厚的感情,难以割舍。

多年来,张冬伟以坚定的信念和朴实的作风,为企业的发展默默耕耘,用实际行动践行着自己的青春誓言,他要尽自己最大的努力提升技能水平,也要将自己的知识和经验毫无保留地传授给身边的同事,以培养更多的技术能手。

案例 2

从技能大赛磨砺出的"全国技术能手"——郭振

郭振,男,1993年11月出生,甘肃天水人,中共党员,化学检验工3级。2013年毕业于兰州石化职业技术大学工业分析专业,现就职于中化泉州石化有限公司。

在校期间,郭振曾代表学校参加了2012年全国职业院校技能大赛工业分析与检验赛项,获得团体三等奖。在备赛和参赛过程中,他积累了很多分析解决实际问题的思维技巧。这些所感所悟,一直指引着他学习和成长。工作后,他取得了长足的进步,多次在全国石化行业、中化集团和福建省举办的各类技能大赛中取得了优异成绩,曾获得"全国技术能手""全国石化行业技术能手""福建省青年岗位能手""福建省最美青工""中化泉州石化有限公司最美炼化青年"等荣誉称号。

他最喜欢的一句话是"有志者,事竟成,破釜沉舟,百二秦关终属楚;苦心人,天不负,卧薪尝胆,三千越甲可吞吴"。在他看来,积极备赛应做到以下几点。

第一,充分做好赛前准备。工欲善其事,必先利其器,一套好的计量器具,是取得好成绩的重要前提。所以,一定要按照国家标准认真仔细地校准自己的计量器具。每个人读数时都会有一定的误差,所以自己使用的一套计量器具必须自己校准。校准时至少校准三遍,如果偏差太远必须重新校准。

第二，尽早改掉不规范操作的坏习惯。规范操作以及好的操作手法是化验员的基本功，一套行云流水的手法在比赛中是很受裁判青睐的。在前期训练中必须要多听、多看、多练、多学。多听是指多听往届参赛选手和指导老师对不规范操作的纠正意见；多看是指多看团队其他选手的操作过程，互相借鉴，共同提高；多练是指在平时训练中要下苦功夫，苦练但不瞎练，坚持以问题为导向；多学是指在强化技能的同时，注重提高理论水平。

第三，及时整理个人训练档案。大赛的具体方案一般会提前两个月公布。每天的训练要模拟大赛赛程来进行，把训练场当成赛场，严格要求自己在有限的时间内完成操作。每天务必留出时间来整理总结当天的训练情况，包括思路的统筹与展开、过程的实施与理解、规律的研究与把控、数据的判断与分析，不放过任何一个问题的细节，通过对训练情况的比对推敲和综合分析，形成个人训练情况"曲线图"，找准后续需要加强和改进的地方。

第四，用心做实赛前冲刺。赛前一个月，邀请多位技能专家担任考官采用"多盯一"的方式帮助自己训练。选手两两成队，互相比拼，全方位模拟赛场，提升自己的应变能力和心理素质，促使自己养成"大赛习惯"。这样到了大赛现场，只需要把操作过程"重复"一遍即可，正常发挥便是成功。

郭振把参加各类大赛积累的成功经验和养成的优秀品格全部运用到了本职工作中。回顾他的职场经历，从作为刚入职的岗位新手，到通过了精密仪器分析、航煤分析和色谱分析三项最难测试的职场精英，他每一步都走得踏踏实实。

2017年，在中化泉州石化有限公司首次停工大检修中，他带领工作小组完成测报分析任务600多项次，没有发生一起安全事故，高质量地完成了安全测爆工作。他所在的小组被评为中化泉州石化有限公司"先进班集体"，他本人也获得了检修"二等功"。说起他获得的成绩，他心里一直都感激着学校的培养和老师的教诲，也很感激中化泉州石化有限公司的平台和氛围，以及领导们的关爱和同事间的支持

第九单元　制订职业规划

协作。

　　从郭振身上,我们能深深地感受到踏实肯干的吃苦精神、刻苦坚毅的钻研精神、反复磨砺的探索精神、勇于挑战的创新精神和团队协作的集体精神,这些都诠释了工匠精神的内涵。

二、项目启示:职业规划让你赢在明天

　　职业规划是指一个人在对社会需求进行了解、分析、总结的基础上,并结合自己的兴趣、爱好、能力、特点进行综合分析与权衡,结合时代特点和自己的职业倾向,确定自己最佳的职业目标,并为实现这一目标作出行之有效的安排的过程。通俗地讲,职业规划就是对选择什么样的行业,什么样的职业,什么样的组织,想达到什么样的成就,想过一种什么样的生活,如何通过自身的学习与工作达到个人目标的规划。

　　每个人都有着或曾经有过自己的梦想,职业规划就是连接梦想与现实的桥梁。给自己提早制订一份科学合理的职业规划,并付出坚持不懈的努力,就会拥有一个精彩而有意义的人生,这就是职业规划的意义所在。

　　职业规划要求择业者根据自身的职业兴趣、性格特点、能力倾向,以及自身所学的专业、掌握的知识技能等因素,同时考虑到各种外界因素,经过综合权衡考虑,找到一个最能发挥自己优势的岗位,以便最大限度地实现自我价值。职业规划的过程实质上是追求最佳职业定位的过程。

(一)充分认识职业规划的意义

　　择业者进行职业规划的目的不只是使自己按照自己的资历条件找份工作,更重要的是使自己真正了解自己,进一步详细评估内、外环境的优势和限制。

　　生活中一些素质优秀的人因为不懂得去规划自己的职业,不清楚自己的兴趣所在,

不知道应该在哪个领域开始自己的职业生涯,工作多年后,仍很迷茫,渐渐丧失了职业竞争力。相反,有的人起点并不高,但是因为他们选择了正确的职业发展之路,在一个领域矢志不渝地辛勤耕耘而成为这一领域的佼佼者,从而获得了成功。在职场竞争愈加激烈的当下,有了职业规划可以帮助我们少走弯路,加速我们成功的步伐。进行有效的职业生涯规划需要注意以下四个方面。

1. 发掘自我潜能,增强个人实力

我们应正确认识自身的个性特质、现有与潜在的资源优势,重新对自己的价值进行评估并使其持续提升;对自己的综合优势与劣势进行对比分析;树立明确的职业发展目标与职业理想;评估个人目标与现实之间的差距;找出符合实际的职业定位,发现新的发展机遇;学会运用科学的方法采取可行的措施,不断增强职业竞争力,实现自己的职业目标与理想。

2. 增强发展的目的性与计划性,提升成功的机会

生涯发展要有计划、有目的,不可依靠"撞大运",很多时候我们的职业生涯受挫就是由于职业规划没有做好。好的计划是成功的开始,凡事"预则立,不预则废",就是这个道理。

3. 提升应对竞争的能力

当今社会处在变革之中,到处充满着激烈的竞争。要想在这场激烈的竞争中脱颖而出并立于不败之地,必须做好职业规划。这样才能做到心中有数,不打无准备之仗。

4. 确保职业发展的有效性和持续性

职业规划不仅表现在对自己有充分的认识、有明确的阶段性职业目标上,还表现在有具体的行动方案上,一步一个脚印,踏踏实实地往前走,这样才能保证职业发展的有效性。而长远目标的确定,能使我们有条不紊地按自己的规划发展自己,这样就保证了职业发展的可持续性。

(二)职业规划的特点

(1)个性化。每个人的成长环境、文化背景、个性特点、价值取向、兴趣爱好等不尽相同、各有差异,没有固定的模式。

（2）实际性。职业规划绝不是"闭门造车"和"主观想象"，它是个人情况与社会实际情况的有机结合，仅仅从自己的主观愿望出发，不考虑社会环境、市场需要、个人条件与未来的发展趋势，规划的目标再好，也只能是"空中楼阁"。

（3）动态性。在高速发展变化的信息时代，各种事物和知识的更新变化非常快。因此，任何一个人的职业规划都不会是固定不变的。但是只要我们适时地把握变化，及时地修正职业规划，使自己的规划越来越符合实际，越来越向目标靠近，最终一定会取得成功。

（三）职业规划的基本原则

职业规划的基本原则是择己所爱、择己所长、择世所需、择己所利，如表9-1所示。

表9-1 职业规划的原则

原则	作用
择己所爱	从事一项自己所喜欢的工作，本身就能给人一种满足感
择己所长	有利于发挥自己的优势
择世所需	目光要长远，一定要分析社会需求，择世所需
择己所利	职业是个人谋生的手段，要力求使幸福指数和收益最大化

（四）制订职业规划的关键

1. 有正确的方向和目标

职业方向和目标是对职业的选择，要在方向正确的前提下确立目标。诸多成功案例都毫无例外地说明确立目标是多么的重要。长远而正确的目标可以使我们集中精力去发现最有用的信息和资源，并不断向成功迈进，从而度过一段充实而有意义的人生。在职业发展的道路上，要尽力选对适合自己发展的方向，然后再考虑谋求什么样的职位。职业方向和目标的选定并非易事，需要结合自身的兴趣、所具备的技能和知识来综合考虑。不能没有方向，或同时有多个方向，也不能随意更改方向。选择职业方向和目标要遵循以下原则。

（1）具体可行。要考虑到自己的能力和特点、社会环境、组织环境以及其他相关的因素,选择确定可行的途径。

（2）可以衡量。怎样算实现了目标,应该有个明确的标准来衡量。尽量不要制订宽泛的、一般的、模糊的或抽象的目标。

（3）有挑战性。要注意目标是否符合自己的性格、兴趣和特长,是否能对自己产生内在的激励作用。不要制订一些轻而易举就能实现的目标,要给自己压力。

（4）有时间期限。一定要有时间期限来实现目标,确保目标的有效性。可制订短期、中期和长期目标。

（5）灵活性。目标是否有弹性,是否能依据环境的变化而调整。

2. 行动比规划更重要

在职业发展的道路上,在有了初步的目标后,接下来最重要的就是立即行动起来,打造自己的执行力。一个人职业上的成功,30%靠战略,20%靠机会,50%靠行动。不同的人给出的比例或许会不同,但行动肯定会占最大比例。很多人职业发展不理想,很大程度上是行动出了问题。所谓"有志者事竟成",有志向的人在确定目标后,会通过实际行动不断学习实践,优化改进方法,直至实现目标。我们必须有坚定的信念,拿出自己的勇气,为实现自己的人生理想不断努力奋斗、拼搏进取。

3. 专业引导很关键

比较迷茫的同学,可以请专业的职业生涯规划师为自己进行职业测试。值得注意的是,只有专业的测试和指导才有意义,某些不科学的职业规划测试会在一定程度上影响或阻碍个人的发展,带来不利的结果。

三、项目训练：分析自我,认识自我

训练内容：

采用自我评估、他人评价和测评工具来了解自己,看看自己了解的"我"和别

第九单元　制订职业规划

人所知的"我"有什么不同。

训练目的：

1. 学会从多角度认识自己。

2. 客观真实地分析自我。

3. 通过测评，解读自己的人格特质、潜能、优劣势，加强自我认知。

4. 进行自我定位，明确职业目标。

训练要求：

1. 自我评估：用三个最能表达自己特点、个性的词来描述自己；表述一下自己最希望成为怎样的人。

2. 他人评价：任意请5～10名同学谈谈对你的看法。

3. 工具引用：鼓励学生通过社会公共应用性测评工具完善个人生涯规划评估，优化个人职业兴趣特征和职业选择方向。

4. 通过以上测评，了解自己的个性特点、自身存在的不足、在工作中的优势和劣势等，制订个人发展计划。

项目 18 完美人生从职业规划开始

一、项目案例：正确打造职业规划

案例 1

项目 18 微视频

党的二十大代表李鹏：三十余载为民服务，不忘初心

她扎根基层银行网点30多年，用心用情为群众服务；她言传身教，先后带徒近50人，为优质服务队伍补充"新鲜血液"。她就是中国工商银行新疆乌鲁木齐新民路支行副行长李鹏。

入行以来，李鹏不忘初心，坚持全心全意为人民服务，获得过"全国优秀共产党员""全国劳动模范""全国三八红旗手"等荣誉称号和"全国五一劳动奖章"，并光荣当选为党的二十大代表。"群众在理财时可能把毕生的辛苦钱都投进去，只有帮他们守好'钱袋子'，规避各类风险，才对得起这份信任。"这是李鹏的心愿。

李鹏设身处地为客户提供贴心、周到的服务，通过"量身定做"投资理财产品满足不同客户的多样化金融需求；业务上，她追求精益求精，努力提升自身专业素养，考取了金融理财师、高级财富管理师等资质。认真负责的职业精神加上精湛的业务能力，为她赢得了客户的认可和信任。

多年来，李鹏深耕基层一线，还手把手"传帮带"了很多徒弟。她将工作经验

提炼成"李鹏工作法",对年轻同事倾囊相授。2016年,"李鹏工作室"挂牌成立,接过"接力棒"的年轻同事们同前辈一起践行热心、精心、贴心的服务理念,协力打造老百姓信得过的金融惠民窗口。

2017年,参加党的十九大以后,李鹏有了新身份——"新时代金融职工宣讲员"。她结合自己的成长经历、奋斗故事、切身感受,向金融职工乃至各族群众通俗易懂地宣传党的创新理论,凝聚奋进力量。迄今为止,李鹏已深入基层百余次,为群众送去党的好声音。

她坚持无偿献血23年,至今已累计献血70余次;新冠肺炎疫情发生以来,她主动在社区开展志愿服务500多个小时,身兼物资"运输员"、信息"采集员"和政策"宣导员";她默默捐资助学贫困儿童,并积极助销南疆贫困村农副产品……

她说:"作为党员和党代表,首先要做到忠诚、干净、担当,无论何时都要勇挑重担,勇于担责。还要做到廉洁自律,更不能触碰底线、逾越红线。"

(资料来源:李鹏:《三十余载为民服务不忘初心》,尚升、马锴,新华社,有改动)

案例2

党的二十大代表钱素云:当医生就要为病人解决问题

当了三十多年儿科医生,在离死亡最近的儿童重症医学科工作了26年,钱素云对职业的认知没有变过:当医生就要为病人解决问题。

她接诊过辗转多地也无法确诊的患儿,也曾努力帮助罕见病病童寻找经济帮助。在临床上,她保持观察和谨慎,也积极借助其他专业资源帮助患者解决问题。她认为,作为一线医生,要真实反映基层情况,更要做好本职工作。

多年前，北京儿童医院重症医学专家钱素云的诊室接诊了一位不到两岁的女孩。女孩来自外省份，已持续高烧20多天不退，病因不明，就诊时家长带着厚厚一叠资料，怀疑的疾病有很多，但多方医治，孩子的病情始终不见好转。通过仔细查体，钱素云发现孩子的肚子有些胀，当地的腹立位片提示存在不完全性肠梗阻，胸片提示有肺炎，但这些都解释不了孩子为何长期高烧。

钱素云仔细观察孩子，其脸部烧得红扑扑的，精神还可以，但不愿意站立，一站就哭，钱素云由此怀疑是阑尾炎导致的牵拉疼痛。经过检查血常规、腹部B超检查，最终明确病因是阑尾炎穿孔合并周围脓肿、腹膜炎和肠粘连。孩子很快被转诊去了急诊外科，治疗后恢复得很好。

当住院医生时的一次经历让她至今记忆犹新。那天夜里，病房收了一个小男孩，轻微发烧，后伴有抽搐，门诊医生初步诊断为病毒性脑炎，钱素云随后也作出了同样的诊断。一夜过后，患儿爸爸端着一个尿盆过来问：为什么孩子的尿液像血水一样？钱素云再次综合各类信息，将病因诊断为急性肾炎引起的高血压脑病。她由此深切意识到，医生对患者要有细致的观察和独立的分析，要时刻关注患者病情变化。

在从业过程中，钱素云也感到了团队合作的重要性。不久前，钱素云接诊了一位五六岁的患儿，其在异地求医多时，检查出了生长发育落后、哮喘、肺动脉高压、心功能不好、生长激素水平低、特异性皮炎等诸多问题，却始终不能确诊。找到钱素云时，患儿的主要症状是哮喘。钱素云觉得肯定不是一种简单的疾病，就为其申请了罕见病多学科会诊，最终确诊为一种基因异常导致的免疫性疾病。

"重症医学涉及多个学科的疾病，重症医生也不是什么疾病都认识。北京儿童医院作为国家儿童医学中心的优势是各专业互相支撑，我经常向其他专业专家请教，通过疑难病多学科会诊，多向同事学习。"钱素云说。

除了在临床上积极与其他科室进行专业讨论，碰上治疗费用高、经济上需要帮助的患者,钱素云还会积极想办法减轻患者的经济压力。

作为国内知名儿童重症医学专家,钱素云还先后多次临危受命,奔赴灾区、疫区,参与全国各地突发事件的危重患儿救治工作。2008年3月至4月,不到一个月的时间,安徽阜阳10余名儿童死亡,原因不明。钱素云接到原卫生部通知,要求两小时后赶到机场,前往阜阳。她随即赶往机场坐飞机,到达阜阳后,直奔阜阳市第二人民医院查看病人,经过她和其他专家组成员共同努力,很快明确死因为EV71病毒引起的重症手足口病。

2010年玉树地震和2013年芦山地震后,钱素云奔赴救灾一线,救治儿童伤员。其间由于偏头痛发作,头痛剧烈,她经常需要服用止痛药,但她仍然日夜坚守一线,返回医院后一天也没休息,又直接投入接下来的工作中。※

(资料来源:《当医生就是要为病人解决问题》,戴轩,新京报,有改动)

案例3

党的二十大代表王洪玲:用河北梆子讲好中国故事

儿时的耳濡目染让王洪玲与河北梆子结缘,在日复一日的唱念做打中,梆子腔已经融入她的血液,让她始终没有割舍对这一剧种的热爱。

练功受的罪,常人难以想象。2002年,王洪玲在《吴汉杀妻》中,需要跪着走很长的路。河北的冬天寒气逼人,她在冰冷的水泥地上反复练习跪步。膝盖破了,戏服粘在上面,她就把衣服扯开继续练。膝盖结了痂,第二天又在跪步中裂开。谈到这些,她语气平淡地说:"我觉得这都不算什么,这是职业道德,怕苦怕累就别干这行。"

在促进剧团和梆子戏的传承和发扬、戏曲文化交流上，她也有自己的想法。王洪玲多次出访哥伦比亚、希腊、塞浦路斯、西班牙等国家和地区演出，得到国外专家和观众的一致认可。2006年，她随团赴哥伦比亚首都波哥大参加了拉丁美洲国际戏剧节演出《忒拜城》，饰演安提戈涅，演出结束后，观众全体起立，热烈的掌声持续了近20分钟。

用中国独有的戏曲艺术形式去演绎西方经典故事，"在场的观众完全被那独特的唱念做打折服，喜欢得不得了。你说我们还有什么理由不把中华传统戏曲视为珍宝，去传承、发扬好呢？"王洪玲动情地说。

2014年至2016年，她策划了三个项目，分别是前往甘肃等地演出的"寻根之旅"、前往上海等地演出的"传承之旅"，以及前往河南等地演出的"畅想之旅"。她对这三次"旅行"很满意，认为在扩大剧团影响力的同时，也让河北梆子的腔调传得更远，并实现了不同戏曲文化的交流互鉴。

王洪玲说："首先，作为党员，我肯定要顾大局、讲政治，旗帜鲜明地担当责任。其次，作为演员，我是一个文艺工作者，要有职业道德，要用自己所学所演的人物形象去感染观众，传递党的声音，把戏演好，讲好中国故事。最后，我要做全团演职人员的服务员，服务好大家，时刻有服务意识，在这个位置上必须先考虑剧团的工作。"

（资料来源：《王洪玲：把戏演好，用河北梆子讲好中国故事》，叶红梅，新京报，有改动）

案例 4

未雨绸缪、早做规划

杨小姐，一家世界500强外资制药公司的人力资源管理人员。回顾杨小姐的择业经历，你会惊讶于她的顺利。其实，"功夫在诗外"，杨小姐在就业上的确没走什么弯路，但在就业之前，却花了大量的时间和精力进行个人职业规划，这就是她成功的原因。

杨小姐2022年从某高校行政管理专业毕业后考取了同专业研究生。一年之后，颇有前瞻意识的她便开始考虑自己的就业问题。"当初毕业时，对职业规划可以说毫无概念，由于准备继续深造，就业压力不大，我只是上学校就业指导中心的网站做过职业测评，初步了解了一下自己的性格、适合从事的职业方向等。可等到真的面临就业时，这些肯定是远远不够的，我需要更系统、更全面的思考和指导。"杨小姐说。

在职业规划方面，杨小姐采取了三个步骤。

首先，她积极与自己的导师、同学交流，请他们分析自己有什么优缺点，适合从事什么样的工作。

其次，充分重视社会实践活动。从研二开始，杨小姐先后进入政府机关和企业实习。实习的好处显而易见——直接帮助杨小姐筛选出了大致的就业方向。"本来，与行政管理专业最对口的职业应该是公务员，可在人事局实习了3个月之后，我感到自己实在不适合在机关工作。"接着，她进入一家外资公司实习了半年，通过这段愉快的实习经历，她坚定了一个信念：去企业工作。

最后，寻求外力支持，即专业的职业指导。研三的时候，杨小姐参加了一个职业规划俱乐部，在这里，她第一次接触到了系统的职业规划理论和理念。"虽然学校也有就业指导中心，但这里完全不一样，讲师都是大企业的人力资源管理负责人，和市场联系更加紧密。这里刚开始讲授如何面试、如何写简历等基础内容，慢慢地就有市场、销售等多个领域的资深人士来授课，我能渐渐地了解到企业的架构、各个领域的职能，也能对号入座，看自己更适合进入哪个领域了。"杨小姐告诉记者，参加俱乐部的都是还未毕业的在校生，来自不同学校，大家有着相近的年龄、相似的想法，在一起能分享到很多宝贵的经验，这既帮助了他人，也帮助了自己。

临近毕业的时候，适逢杨小姐现在就职的公司推出实习生计划，杨小姐把简历寄了过去。很快，杨小姐进入公司实习。本来对方是不打算留用实习生的，但杨小姐出色的表现打动了公司领导，3个月后，她正式成为公司的一员。至今，她依然在那里工作。"回想起来，一切都很顺利，除了运气，未雨绸缪、早做规划也很重要。"杨小姐笑着给出了自己的建议。

二、项目启示：合理规划，积极实践

职业规划是职业生涯成功的第一步。大学是职业规划的助跑期，大学生的可塑性很强，同学们可以不断培养各方面的兴趣，在学习和交往中逐渐完善性格，在社会实践中提高自己的实际操作能力，在此过程中充分发掘自身的潜力。如果在大学阶段提前制订职业规划，锁定自己的职业目标和具体职位，学会设计自己的人生，就可以少走弯路，缩短向成功迈进的时间，在职业生涯中有一个良好的开端。因此，大学期间，每个大学生应明确我是一个什么样的人、我将来想做什么、我能做什么、环境能支持我做什么；应认识自己的个性特征，包括自己的气质、性格、能力以及自己的个性倾向等，据此来确定自己的个性是否与理想的职业相符，对自己的优势和不足有一个比较客观的认识；再结合环境（如市场需要、社会资源）确定自己的发展方向和行业选择范围，明确职业发展目标；同时在接下来的学习中，能够有目标、有针对性地学习专业知识、进行个性化的社会实践，最终寻找到最佳的职业机会和发展途径。

（一）大学生职业规划的特点

大学生职业规划与一般的职业规划相比，主要有三个特点，如表9-2所示。

表9-2 大学生职业规划的特点

项目	一般的职业规划	大学生职业规划
目标	总体目标是为了获取一定的职业地位或取得一定的职业成绩	目标是初次就业成功,能拥有一个与自己的兴趣、爱好、能力等相匹配的职业岗位
年限	按照自身的条件和客观环境的特点,制订的期限可长可短	规划年限一般与学生的毕业年限相同
策略	实施策略主要是根据职业发展目标,制订一定职业范围内的学习培训、专业技能提高、职场人际关系沟通、企业文化融合等行动计划	实施策略主要是了解和探索职业,完成与未来可能从事职业相关的学习、培训任务,提高基本能力和素质

（二）大学生制订个人职业规划的步骤

大学生制订职业规划的步骤如图9-1所示。

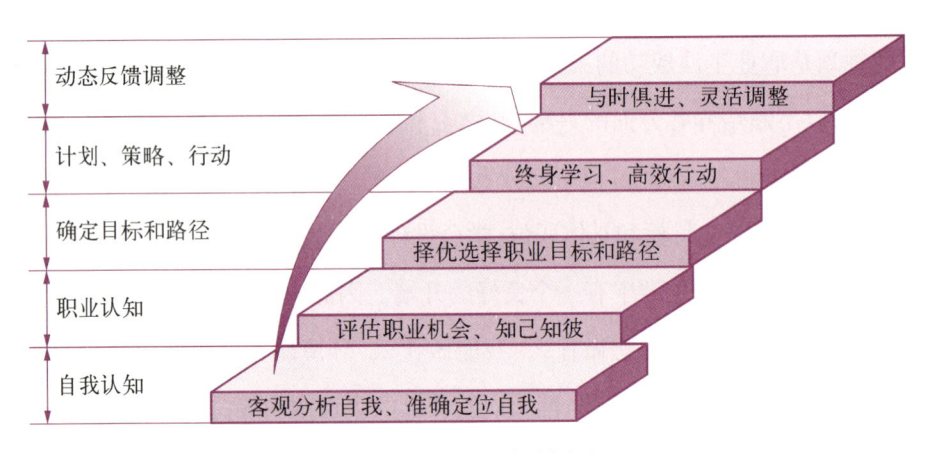

图9-1 职业生涯规划步骤

（从下到上：自我认知——客观分析自我、准确定位自我；职业认知——评估职业机会、知己知彼；确定目标和路径——择优选择职业目标和路径；计划、策略、行动——终身学习、高效行动；动态反馈调整——与时俱进、灵活调整）

1. 自我认知——客观分析自我、准确定位自我

自我分析、自我定位是职业生涯规划流程中最基础、最核心的环节,一个有效的职业生涯设计必须是在充分且正确认识自身条件与相关环境的基础上进行的。要审视自己、认识自己、了解自己,做好自我评估,包括自己的兴趣、特长、性格、学识、技能、智商、情商、思维方式等。即要弄清我想干什么、我能干什么、我应该干什么、在众多的职业面前我会选择什么等问题。

2. 职业认知——评估职业机会、知己知彼

职业机会的评估主要是评估各种环境对自己职业生涯发展的影响、预测一种职业的发展趋势，使自己对一种职业有深刻的认识。要更多地了解各种职业机会，尤其是一些热门行业、热门职位对人才素质与能力的要求，深入了解这些行业与职位的需求状况，结合自身特点评估事业机会，才能选择可以终身从事的理想职业。

3. 确定目标和路径——择优选择职业目标和路径

职业目标的设定是职业规划的关键。我们应通过前面两个步骤，对自己的优劣势有一个清晰的判断，对外部环境和各行各业的发展趋势和人才素质要求有一个客观的了解，在此基础上制订出符合实际的短期目标、中期目标与长期目标。

4. 计划、策略、行动——终身学习、高效行动

确定职业目标以后，就要打造自己的执行力，通过参加培训、考取证书、接受正规教育、积累实习经验或工作经验等措施，找出一条适合自己发展的路径，制订相应的职业发展计划，并不断坚持，从而实现自己的职业目标。

5. 动态反馈调整——与时俱进、灵活调整

影响职业规划的因素有很多，有的因素是可以预测的，而有的因素难以预测。要使职业规划行之有效，就须不断地对职业发展进行重新评估，修订生涯目标、生涯策略、方案，以适应环境的改变，并以此作为再次进行生涯设计的参考依据。此外，还要不断地学习新的技术，进行自我投资，寻求增加职业技能的途径。

（三）大学生进行职业规划的侧重点

大学生职业规划的侧重点在自我定位、职业准备、职业选择、职业适应四个阶段。在对自我进行准确定位的基础上，不仅要对职业进行物质、心理、知识、技能等各方面充分的准备，还要根据各方面的分析与自己的职业锚，合理客观地做出选择。大学生对即将走上的工作岗位要有合理的心理预期，要快速适应工作的性质、劳动强度、工作时间、工作方式、同事以及上下级关系，迅速成为一个成功的职业者。

1. 自我定位——迈向成功之路的第一步

职业规划的第一步是要知己,即要客观全面地认清自我。因为职业成功的关键是适合,而企业的管理方式是否真的适合自己的个性,这个工作自己是否真的喜欢,很多人并不清楚。比如,你属于比较内向的性格,而且具有钻研精神,那么你比较适合做技术人员或开发人员,因为专业的知识会为你将来的发展奠定基础。如果你的性格是开朗、外向的,你可以选择做管理性质的工作。

一般来说,自我评估包括评估自己的兴趣、特长、性格、学识、技能、智商以及组织管理、协调、活动能力等。人才素质测评是全面、科学地认识自我的有效手段和工具,可使用的人才素质测评工具有"卡特尔十六种人格因素问卷(16PF)""霍兰德职业倾向测试量表"等。同时还可以参考他人对自己的评价。

职业兴趣是我们规划自己职业生涯的主要依据。从个人成才角度来看,兴趣是个人良好职业发展的源泉和动力。那些已取得一定成就的人,都非常热爱自己所从事的事业。兴趣不是与生俱来的,而是个人在成长的过程中,通过不断的尝试和实践而发现的。我们在自己的职业经历过程中,要去努力探寻、尝试、总结、分析自己的职业兴趣所在。要多为自己创造一些可以发挥自己优势的工作机会,避免去做一些不能发挥自己专长的工作。

2. 职业准备——构建你的支持系统

形成了较为明确的职业意向后,择业者应从心理、知识、技能等方面进行职业准备。每个择业者都有选择一份理想职业的愿望与要求,准备充分的就能够很快地找到自己理想的职业,顺利地进入职业角色。

"素质冰山"理论认为,个体的素质就像水中漂浮的一座冰山(图9-2),水上部分的技能知识仅仅代表人行为的表层特征,水下部分的动机、品质、自我认知、角色定位与价值观才是决定人的行为的关键因素。大学生的职业素养也可以看成是一座冰山:冰山浮在水面以上的只有1/10,它代表大学生的形象、资质、知识、职业行

图9-2 职业素质冰山模型

为和职业技能等素养,是人们看得见的、显性的职业素养,这些素养可以通过各种学历证书、职业证书来证明,或者通过专业考试来验证。而冰山隐藏在水面以下的部分占整体的9/10,它代表大学生的职业意识、职业道德、职业作风和职业态度等素养,是看不见的、隐性的职业素养。

显性职业素养和隐性职业素养共同构成了职业人所应具备的全部职业素养。由此可见,大部分的职业素养是人们看不见的,但正是这9/10的隐性职业素养决定、支撑着外在的显性职业素养,显性职业素养是隐性职业素养的外在表现。企业更认同的道理是,一个具备很好隐性素养,但缺乏基本工作技能的人,成为优秀员工只是时间早晚的问题;但如果一个人基本的隐性素养不够好,那么技能越高,其隐含的危险越大,对这样的人需要谨慎使用。因此,大学生职业准备应该着眼于整座"冰山",并以培养显性职业素养为基础,重点培养隐性职业素养。

职业准备包括以下几个方面的内容。

(1) 素养准备。职业的种类虽然很多,但是,就最基础的职业素养而言,道德是一切职业素养的前提。那么职场中好的道德素养主要又有哪些呢?

责任心。古人云:"鞠躬尽瘁,死而后已。"无论什么职业,责任心、责任意识是做好工作的内在动力。

诚信。诚信是待人接物的基本要求,也是不可缺少的职业素养。要知道"人无信不立"。

勤劳。无论事情大小、简繁,都要勤勤恳恳、切切实实、一丝不苟地去做。要做到能吃苦,善做事,不偷懒,不躲避,不推诿。

(2) 知识准备。随着科学技术的迅速发展,社会化大生产不断壮大,现代职业对从业人员专业基础的要求越来越高,专业化的倾向越来越明显。只有"一专多能"的人才能在求职过程中取胜。大学毕业生应该拥有扎实的基础知识、精深的专业知识、现代管理和人文社会知识,以及一定的计算机和外语水平。

① 扎实的基础知识。随着社会的发展,行业、职业结构调整速度的加快,大学生无论是选择职业,还是确定方向,或是适应工作性质的变动,都离不开扎实的基础知识。是否拥有扎实的基础知识不仅关系到将来走向工作岗位之后能否尽快适应、胜任工作,而且关

系到能否进一步发展,能否在专业上有所建树。同时,基础知识的学习还有助于科学思维方法和良好心理素质的培养,而这又是工作中必备的优秀品质。基础知识是知识结构的根基。拥有扎实的基础知识,才能有持续学习和发展的基础和动力。

② 精深的专业知识。大学生要对自己所学专业的知识和技术较为精深,对学科的历史、现状和发展趋势有较深的认识和系统的了解,并善于将所学专业和其他相关知识领域紧密联系起来。

大学毕业生是将要从事专业性较强工作的专门人才。专业知识是知识结构的核心部分,也是科技人才知识结构的特色所在。无专业知识,也就不能称为科技人才。所谓精深,是指大学生对自己所学专业在一定的范围内要具有一定的深度,既要掌握概念体系、理论体系、研究方法、学科历史和现状,又要对本专业国内外最新信息及与其邻近领域的知识有所了解,并善于将其与本专业领域的知识和实践紧密联系起来。

③ 现代管理和人文社会知识。在现代化的社会中打拼,需要大学生具有一定的现代管理和人文社会知识。由于大学生进入大学后一般只学习本专业知识,即使学些其他学科知识也是极为有限的,所以普遍存在知识面太窄的问题。因此,大学生应该利用在校学习的时间,利用专业学习的空余时间,多读一些管理科学、社会科学方面的书籍,增加自己的知识面,拓展自己的视野,不断增加对现代管理科学和人文社会知识的了解,从而不断提高自己的能力。

④ 能熟练进行计算机操作,并具备一定的外语水平。现在许多用人单位在挑选毕业生时,都把能熟练地进行计算机操作和具备一定的外语水平作为招聘的必要条件,并规定了应达到哪一级水平。所以,大学生在校期间,应充分利用学校的有利条件,进行计算机和外语学习,以适应社会发展的需要。

(3)能力准备。

① 学习能力。学习能力是衡量一个人价值的重要方面,也是企业考察员工的重要标准。大学生应养成科学的学习习惯和方法,学会学习。学习能力突出表现为自学能力,自学能力是现代人独立自主、完整、系统地获取新知识的最基本和最重要的能力。当今社会科技进步日新月异,知识更新的速度不断加快。一个人在学校所获得的知识相对有限,而

当今职场对人们自学能力的要求越来越高,自学能力已成为每个大学生职场生存的必备能力。

② 表达能力。表达能力,是指以口头或书面的形式来表达自己的思想、认识和情感的能力。

要具备较强的口头表达能力,必须在日常学习和生活中有意识地加强训练,如积极参加演讲和辩论等活动。良好的表达能力要求语言具有流畅性、灵活性和艺术性,这要有广博的知识作后盾。因此,大学生还要加强品德修养、学识修养,以及心理素质、应变能力、逻辑思维能力的培养。

大学生还要注重书面表达能力的培养,书面表达能力主要是指应用文写作能力。对一名大学毕业生来说,培养书面表达能力对于将来的工作是极为重要的。有的大学生动手写东西很费劲,拿起笔来不知从何下手,写出来的东西,文字不顺,逻辑不通;有的人连通知、申请的格式都不清楚;有的人会设计,但写不好说明书。因此,大学生在校期间要努力加强写作训练,不断提高语言和文字表达能力。

③ 创新能力。创新能力是指在学习前人知识、技能的基础上,提出新的见解和找出新方法的能力。创新要求人们以科学的理论为指导,面对实际情况,善于发现问题,敢于提出问题,积极解决问题。首先,要培养提出问题的能力,在学习或实验、实践的过程中善于提出问题。善于提出问题是可贵的探索求知精神,是创造的萌芽。其次,要培养多角度解决问题的能力,只有善于拓宽思路,才能打破常规,提出解决问题的新方法。

④ 人际交往能力。毕业生走入社会会与各种各样的人打交道,能否正确有效地协调职场中与他人的各种关系,能否得到别人的支持、帮助,不仅会影响到个人的心理、生活感受,甚至会影响到工作、事业的发展。在人际交往中,要遵循正确的交往原则,锻炼交际能力,培养良好的交往心理,掌握人际交往的技巧,从而做到正确地处理人际关系。

⑤ 组织管理能力。大学生毕业后不可能都从事管理工作,但每个人在将来的工作岗位上都有可能成为管理者。组织管理能力包括计划能力、组织实践能力、决断能力、指导能力和平衡能力。在目前毕业生就业市场上,具有一定的组织管理能力的大学生越来越受到用人单位的欢迎。许多单位在招聘大学生时,除注重其学业成绩之外,对其是否担任

第九单元 制订职业规划

过学生干部、从事过社会实践也很感兴趣。所以大学生在校期间应积极参加社会活动,尽量参加社会实践,不断增强自己的组织管理能力。

⑥实践动手能力。实践动手能力是把创造性思维变成实际物质成果的能力,也称为实践操作能力。这种能力对于大学生,尤其是高职大学生来说尤为重要,科研、生产第一线大量需要在理论上能懂、在实践中会干的人才。

实践动手能力的培养要从进入大学校门时做起。大学生"三下乡"活动、青年志愿者活动、勤工俭学活动和各种协会活动等实践都是培养实践动手能力的机会。通过这些训练,可以增加学生对未来工作环境、工作性质、工作要求以及自己所学专业应用范围的全面了解,从而发现自己的长处和不足,明确未来工作学习努力的方向。另外,大学生通过这些训练,还能培养和提高分析问题和解决问题的能力。

(4)身体素质准备。现代社会生活节奏快,工作压力大,需要求职者有健康的体魄。用人单位都希望自己的员工能健康地为单位多做贡献,而不希望看到他们经常请病假。身体有疾病的员工不但会耽误自己的工作,还有可能对单位的其他同事造成影响。用人单位和大学生签订协议书之前,都会要求大学生提交身体检查报告,如果身体不健康,即使其他方面非常优秀,也会被拒之门外。青年大学生应着重从七个方面加强身体素质:生活习惯、生活节奏、清洁、饮食、服饰、起居和运动。

(5)心理素质准备。是否拥有良好的心理素质,是一个人事业能否取得成功的关键。良好的心理素质是指健全的自我意识、适度的情绪控制、和谐的人际关系和对挫折的承受能力。心理素质好的人能以旺盛的精力、积极乐观的心态处理好各种关系,主动适应环境的变化;心理素质差的人则经常处于忧愁困苦中,不能很好地适应环境,最终会影响工作甚至患上疾病。大学毕业生在走出校园以后,会遇到更加复杂的人际关系和沉重的工作压力,这都需要大学毕业生能很好地进行自我调适以适应社会。

做好职业准备的途径包括以下几个方面。

(1)加强学习,全面提升自身专业素质和学习能力。信息时代的核心竞争已经发展为学习能力的竞争,学习能力的高低不仅决定着现实的学业成就,而且决定着今后事业的成败。学校的教学及各专业的培养方案是针对社会需要和专业需要所制订的,旨在使学生获得系统的基础知识及专业知识，加强学生对专业的认知和知识的运用，提升学生的学习能力、培养其良好的学习习惯。因此，大学生应该积极配合学校培养计划的实施，认真完成学习任务，尽可能多地利用学校的教育资源获得知识和技能，为将来的职业生涯做好储备。

（2）积极参加社会实践活动，不断提升自身的动手操作能力。社会实践活动是指利用假期到企业中去实习，是更广泛意义上的学习。通过社会实践活动，将自己所学的专业知识应用到实践中，这不仅是对所学知识的一种检验和巩固，也是提高分析解决问题和动手操作能力、锻炼组织协调和人际交往能力的好方法。这可以增强我们对未来从事职业岗位的工作环境、工作性质、要求以及专业应用范围的感性认识，从而发现自己的不足，明确自己为适应未来工作再学习、再努力的方向。

（3）积极参加课外科技活动或竞赛活动。现在越来越多的高校开始重视学生的课外科技活动。比如"挑战杯"全国大学生课外学术科技作品竞赛、全国大学生数学建模竞赛、各种计算机网络大赛。不少品学兼优的大学生在参加活动的过程中学到了知识，提高了能力。实践证明，在校期间参加过这些科技活动的大学生毕业后上岗快、科研能力强，很快会成为业务骨干。

3. 职业选择——有什么样的选择决定什么样的人生

选择职业是人生的一大课题。不同的职业选择会导致不同的生活方式。职业选择正确与否，直接关系到人生事业的成功与失败。据统计，在选错职业的人当中，有80%的人在事业上是失败者。由此可见，职业选择对人生事业发展是何等重要。

那么，如何根据自身特点做出正确的职业选择？美国著名的职业指导专家埃德加·施恩提出的职业锚理论有助于我们解决这一问题。职业锚，是指一个人在不得不做出选择的时候，他无论如何都不会放弃的职业中那至关重要的东西或价值观。这实际上就是人们选择和发展自己的职业时所围绕的中心。

职业锚主要有8种类型，如图9-3所示。这里主要谈5种。

（1）技术或职能型。属于这一类型的人在进行职业选择时，主要关注工作的实际技术或职能内容。他们总是围绕着技术能力或业务能力的特定领域安排自己的职业，根据

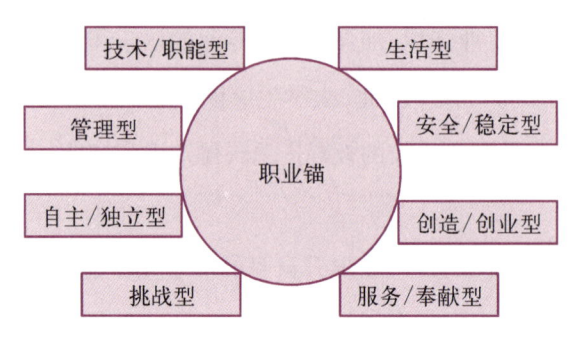

图9-3　职业锚的8种类型

能最大限度地在特定领域保持挑战机会的标准进行工作流动。这些特定领域包括工程技术、财务分析、营销策划和系统分析等。虽然在其技术能力领域也会接受管理职责,但他们对管理职业并不感兴趣。例如,一个倾向于技术或职能型职业锚的财务分析员,希望在发挥自己财务会计专长的领域中谋求发展,其最高目标是成为公司的财务总裁,而不会在任何其他职能领域中涉足。在许多工作岗位上都有倾向于技术或职能型职业锚的人,如咨询公司的项目经理、工厂的技术经理、企业中的研究开发人员、统计人员和会计人员。

（2）管理型职业锚。倾向于管理型职业锚的人把管理本身作为职业目标,而把做具体的技术工作或职能工作仅仅看作是通向更高管理层道路上的必经阶段。他们认识到在一个或多个职能领域展现能力很有必要性,但却没有一个职能领域能让他们久留。管理型职业锚的主要职业领域是政府机构、企事业组织的主要负责人等,如市长、局长、校长、厂长和总经理。

（3）自主或独立型职业锚。倾向于自主或独立型职业锚的人追求一种能最大限度地摆脱组织约束,进而施展自己职业能力的工作情境。他们认为,组织生活是受限制的、非理性的、侵犯个人自由的。这种类型的人认为摆脱组织控制是最大的快乐。他们需要随心所欲地制订自己的步调、时间表、生活方式和工作习惯。自主或独立型职业锚的主要职业领域是学者、科研人员、职业作家、个体咨询人员、手工业者和个体工商户等。

（4）安全或稳定型职业锚。倾向于安全或稳定型职业锚的人会根据组织对他们提出的要求行事,力图寻求一种稳定的职业、稳定可观的收入和稳定的事业前途。不论他们个人有什么样的理想和抱负,当个人目标和组织目标发生矛盾时,他们都会选择服从组织目标。

（5）创造或创业型职业锚。倾向于创造或创业型职业锚的人时时追求建立或创造完全属于自己的成就。他们要求拥有自主权、管理权和施展自己才华的机会，创造是他们自我发展的核心。他们敢于冒险，强烈需要能够感受到所发生的一切都是与自己的创造成果联系在一起的。比如，部分成功的企业家在创建新公司时，表现出非凡的创造性才干，而一旦成功，他们就会因厌倦或不适应按部就班的工作而退出领导层，将公司交给职业经理打理。创造或创业型职业锚的主要职业领域是发明家、冒险性投资者、产品开发人员和企业家等。

有些人将"职业锚"抛得很早，从大学开始就明确了自己的职业方向；有些人将"职业锚"抛得很晚，一路风景走过，最终找到了自己的职业所爱；有些人终生也不知其"职业锚"在何方。不管我们现在是否发现了自己的职业锚，职业锚这个职业规划的工具都可以启发我们，从价值观的角度来讲，职业发展成功与否取决于你是否得到了你想要的生活、你的职业带来的生活方式是否符合你的价值观。关于职业锚的期望值如图9-4所示。

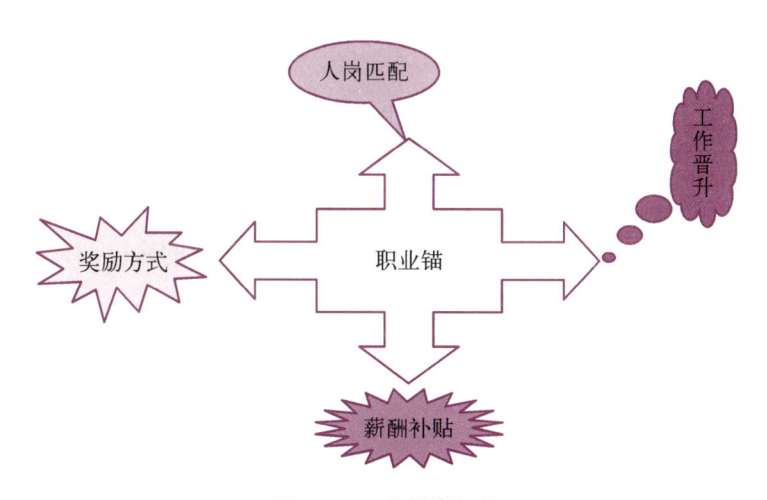

图9-4 职业锚期望值

（四）如何撰写职业规划书

职业规划书包括七个部分：引言、自我分析、职业分析、职业定位、计划实施方案、评估调整和结束语，如图9-5所示。

第九单元　制订职业规划

引言 → 自我分析 → 职业分析 → 职业定位 → 计划实施方案 → 评估调整 → 结束语

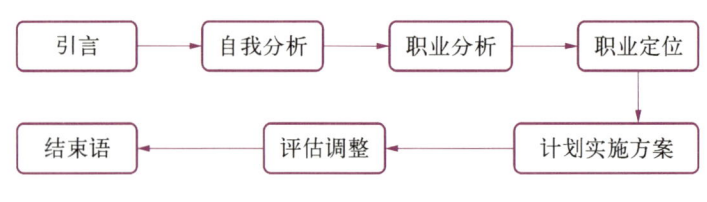

图 9-5　职业规划书的结构

1. 引言

个人职业生涯规划书必须有封面、扉页、目录和前言或引言。扉页填写姓名、性别、学院、班级、联系电话、电子邮箱、微信号等相关信息。

2. 自我分析

自我分析是指结合职业测评及其他自我分析方法，对自己进行全方位、多角度的分析。

职业兴趣——喜欢干什么。

职业价值观——最看重什么。

职业能力——能够干什么。

性格特征——适合干什么。

胜任能力——优劣势是什么。

自我分析小结。

3. 职业分析

职业分析是指参考职业测评建议以及通过职业生涯探索的途径，对影响职业选择的相关外部环境进行较为系统的分析，如表 9-3 所示。

表 9-3　职业分析

外 部 环 境	分 析 内 容
家庭环境	如经济状况、家人期望、家族文化
学校环境	如学校特色、专业学习、实践经验
社会环境	如就业形势、就业政策、竞争对手
职业环境	如行业现状、企业分析、地域分析

4. 职业定位

综合"自我分析"和"职业分析",可以得出本人的职业定位。分析职业定位通常会借助SWOT分析模型,如图9-6所示。

该模型包括4种因素:优势因素(strengths)、弱势因素(weaknesses)、机会因素(opportunities)、挑战因素(threats)。

SWOT分析		自身条件	
		优势(S)	弱势(W)
职业环境	机会(O)	OS方案	OW方案
	挑战(T)	TS方案	TW方案

图9-6 SWOT分析模型

通过该模型可得出以下结论:

职业目标:如将来从事哪个行业和哪种职业。

职业发展策略:如进入和哪种类型的组织(或到哪个地区发展)。

职业发展路径:如走技术路线还是管理路线。

具体路径:如"会计员—助理会计师—会计师—高级会计师"。

5. 计划实施方案

短期计划。

毕业后五年计划。

毕业后十年计划。

6. 评估调整

职业生涯规划是个动态的过程,在职业生涯规划过程中要根据实际情况自觉地总结经验和教训,修正对自我的认知和对最终职业生涯目标的界定。评估调整包括以下几个方面:① 自我认知评估、职业目标评估、职业路径评估、实施策略评估;② 根据实际情况调整职业生涯规划的时间因素;③ 评估可能出现的危险因素,确定备选方案。

7. 结束语

在职业生涯规划书的最后，要有一份简短的小结，说明在职业生涯规划书的完成过程中自己有些什么收获、体会，对自己职业定位有什么帮助。

（五）撰写职业规划书的注意事项

（1）职业目标要具体。职业规划是建立在对自己的兴趣、特长、能力、社会需要等各方面全面了解和评估的基础上的，设定目标时一定要结合自身特点和情况，不能脱离现实。要认清自己的兴趣与能力，将自己的经历经验、专业技能、兴趣特长与职业生涯规划有机地结合起来，这样的职业目标才会有生命力。

（2）素质测评要全面。有的同学在撰写报告书时，对自我的分析仅凭自我认识及他人评价，这是不全面的，也缺乏足够的理论依据。正确的做法是将个人认识、他人评价和人才素质测评结果有机结合，形成一个较为全面的自我认知，据此设定的目标才较符合实际。

（3）行动措施要可行。针对职业目标设定的措施一定要具有可行性，这是职业规划书的一个重要部分。最好制订出长期、中期、短期计划，并拟订详细的执行方案和时间限制。高年级的同学可将重点放在就业三至五年内的职业规划上，低年级的同学可将重点放在大学生涯的规划上，但都应突出为职业发展所做的准备工作。

（六）职业规划书范例

职业规划书

一、引言

在机遇与挑战并存的信息社会里，作为电子信息工程技术专业的一名学生，我究竟该扮演怎样的角色呢？生命就像一张白纸，等待着我们去描绘，去谱写。人生需要规划，未来掌握在自己手中。

二、自我分析

我在完成职业测评后收获很大,对自己有了更深的了解。

1. 测评结果

(1)性格探索报告:智多星型——总有一些新点子。

① 优点:喜欢挑战,有很强的创造性和主动性,好奇心强,喜欢新鲜事物,善于处理挑战性的问题。喜欢以新的角度和独到的方式思考问题,对问题经常有自己独到的见解。不喜欢条条框框的限制和因循守旧的工作方式,习惯便捷的问题解决方法。喜欢自由的生活并善于发现其中的乐趣和变化。乐观,善于鼓舞他人,能用自己的热情感染他人。

② 缺点:行事缺少稳定的计划和流程,经常依靠临场发挥。对实现目标的坚持性不够,缺乏足够的耐心,容易忽略简单、常规的方法和一些重要的细节,不愿遵守规则和计划。

(2)职业兴趣探索报告:职业兴趣前三项是企业型、艺术型、社会型。

① 对艺术感兴趣,喜欢和人打交道,对经营性活动很感兴趣,乐于展示自己的口才,喜欢去影响别人,喜欢创造性活动,性格外向、冒险,有较远大的抱负。

② 在工作中有热情,喜欢展开想象,做事倾向于追求完美,但也追求新意;胆大、爱冒险,有主见;对过程和目的都有兴趣,但对教条的制度并不感兴趣,喜欢随机应变,往往根据环境变化而改变个人的策略,具有良好的语言表达能力;喜欢出入公共社交场所,喜欢说服和劝导他人。

③ 适应的工作环境:有创造性、要求人际交往、有自由度而不过分约束的环境,以及能发挥个人才智的环境。

(3)技能报告(最擅长的五项技能):人员管理、积极倾听、监测、时间管理、口头表达。

(4)职业价值观:崇尚独立,注重关系。

① 期望在工作中能够独立工作、独立决策，能够表现出自己对创新的追求，发挥自己的责任感、自主性，而且能够以自我监督的形式使工作按照计划顺利进行。

② 期望在工作中能够给予别人帮助，并希望同事之间关系融洽，大家都有积极的道德观念和社会服务意识。

2. 自我分析小结

一个人应该学会取长补短。精力旺盛、热情、性情平和、乐于助人、忠诚、责任心强、富于创新精神、工作和生活井然有序是我的优点；可也存在着有时过于理想化，凭个人价值观进行判断，容易做出草率的决定和对于批评比较脆弱的缺点。我会不断完善自己。

三、职业分析

人才素质测评报告给出了很多建议，结合相关书籍、老师的介绍和这次测评报告，我对影响职业选择的外部环境进行了系统分析。

1. 家庭环境分析

我的家庭并不富裕。父母一直给我以关爱和生活上的支持与鼓励，他们对我的期望就是将来能够像大鹏鸟一样展翅飞翔。

2. 学校环境分析

（1）学校：我现在就读的××职业技术学院是一所普通高等职业学校。学院设有汽车工程系、公路工程系、管理工程系、信息工程系、机电工程系、建筑工程系、人文社科系和体育部等"七系一部"。学院实行毕业生"双证书"制，学院的国家职业技能鉴定所为省级职业技能鉴定基地，连续多年被评为省级优秀鉴定所。多年来为行业及其相关产业培养了两万多名高素质高技能人才。

（2）专业：我学习的专业是电子信息工程技术，该专业的目标是培养具有一定的电子信息技术基础理论知识，熟练掌握电子信息工程技术的应用、电子信息设备的维护技术和电子信息产品研发技术的技术技能人才。

3. 社会环境分析

中国政治稳定，经济持续发展。在全球经济一体化环境中承担着重要角色，经济发展有强劲的势头。加入世界贸易组织后，有大批外国企业进入中国市场，中国的企业也走出国门。目前，社会对于通信类人才的需求还是比较大的，具有一定能力的高水平毕业生一定会得到企业的青睐。因此，在校加强通信方面的专业知识学习，会使我在就业时有一定的专业优势。

4. 职业环境分析

（1）行业分析（IT）：21世纪进入信息时代，席卷全球的信息科技给人类的生产和生活方式带来了深刻的变革，信息产业已成为推动国家经济发展的主导产业之一，人们对电子产品的要求高，首先是产品的质量要好，其次是服务要到位。在电器销售行业，取得消费者的信任是至关重要的。当今没有多少企业是在真正地做"服务"，所以电器产品营销服务人才的机会很多。

（2）职业分析（电子产品检测与营销）：当今的消费者对电子产品的消费知识在增长，挑选电子产品的余地也很大。仅仅靠能说会道、热情周到的服务已远远不能如早期那样获得消费者的信任。所以，将专业知识与营销技巧结合，成为我的选择。

（3）地域分析（南京）：南京地处长江下游丘陵地区，是江苏省省会，经济发达。南京珠江路科技街位于中心城区玄武区内，以珠江路为主线，西起中山路，东接黄埔路，并向南、北延伸，是南京市科技人才、高新技术企业、民营科技企业最为集中的区域。周边高校、科技院所云集，有东南大学、南京大学、南京航空航天大学、海军指挥学院、中国科学院南京分院等，科技优势十分明显。珠江路科技街以经营电子产品、系统网络、软件和通信产品著称，国内外著名的电脑厂商纷纷加盟珠江路科技街。目前沿街两侧聚集电脑公司近千家，拥有自主知识产权和品牌的电脑公司13家，16个电脑市场，5个通信产品市场，经营总面积近20万平方米，珠江路科技街已成为华东地区最大的电子产品集散地之一。

四、职业定位

1. 个人职业定位的SWOT分析

（1）内部环境因素。

优势因素（S）：

精力旺盛、热情；

性情平和、乐于助人；

忠诚、责任心很强；

富于创新精神；

工作和生活井然有序。

弱势因素（W）：

工作中过于讲究完美；

有时因急于迎接新挑战，在准备不够充分的情况下开始工作；

过于重视上级对自己提出的意见。

（2）外部环境因素。

机会因素（O）：

随着5G时代的到来，人们对电子产品的要求越来越高，电子产品的市场也会不断扩大；

专业知识与营销技巧兼备的人才缺乏。

威胁因素（T）：

竞争激烈。

2. 结论

职业目标：IT销售行业职业经理人。

职业发展策略：进入南京某电子企业。

具体路径：大学毕业—电子检测—电子产品营销—销售副总。

五、计划实施方案

(1)短期(大学最后一学期),成为电子信息专业的优秀毕业生。

① 暑假:考取机动车驾驶证。

② 7月~12月:参加电子专业英语强化班并通过英语四级。

③ 9月~10月:参加普通话培训班并在测试中取得好的等级。

④ 11月起:去电器销售公司实习。

(2)中期(毕业后五年计划),从优秀的销售服务人员成为销售经理。

① 虚心学习、坚持不懈。

② 拓展并维护积累的客户。

③ 带领团队开拓市场并不断创新。

(3)长期(毕业后十年计划),成为销售副总,协助总经理发展整个公司的市场营销工作(内部管理、售后服务、顾客群培养)。

六、评估调整

职业生涯规划是一个动态的过程,所以我将根据实施的情况及突发情况进行及时的评估与调整。

(1)评估时间。正常情况下,每年年底评估调整一次。

(2)评估内容。

① 假如我一直不能成为一名优秀的电器产品销售人员,我将从事电器产品的售后服务,如:产品维修。

② 假如我表现出色,取得良好业绩且为企业创造了丰厚利润却得不到提拔,我将在自荐无果的情况下选择新的单位。

③ 假如家庭出现意外且不得不做出唯一选择时我将先选择家庭后选择事业。

七、结束语

也许我会在完成梦想的旅途上充满艰辛,也许我会在拼搏中无数次跌倒,也许

> 我会为此伤痕累累、心力交瘁。但是,在这漫漫征途上,我能做的只有坚持。别人可以做到的,我也可以大声地对自己说:"我可以!"我相信,只有努力给自己的梦想插上坚毅的翅膀,才可以在这一片广阔的天空中更加自由地飞翔。

三、项目训练:规划自己的职业生涯

训练内容:

制作一份个人职业规划书。

训练目的:

1. 明确职业规划对自己的学习和未来发展的意义。
2. 准确定位职业发展方向。
3. 了解自己,增强职业竞争力,发现新的职业机遇。

训练要求:

1. 了解自己所选职业的现状与发展前景。
2. 了解自己所选择的职业方向所需的专业技能,应具备的经验、素质等。
3. 初步确定个人职业规划的总体目标和阶段目标。
4. 分小组评选,每个小组选出一名代表向全班展示自己的规划书。
5. 由教师和各组推选的同学组成评审组,进行评分。
6. 小组成员得分由代表的表现而定。

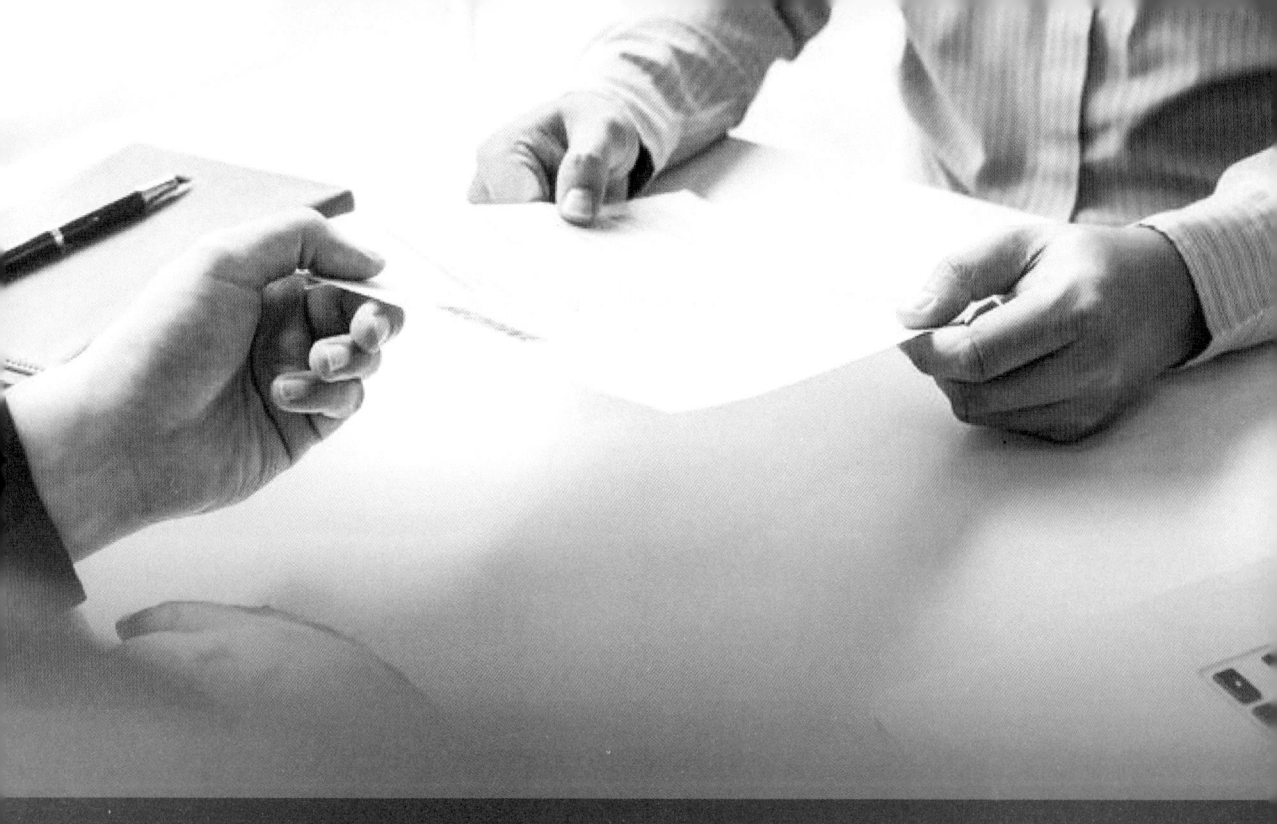

第十单元 掌握求职技巧

在本单元你将学会求职中的两项重要技能：设计简历和写求职信，打造你自己的漂亮名片；学会积极面试，给面试官一个录用你的理由。扫描右侧二维码，详细了解本单元的主要内容。

单元训练目标

1. 了解求职的主要途径。
2. 掌握简历、求职信的写作方法。
3. 掌握基本的面试技巧。

第十单元
授课视频

项目 19　精心设计，递出一张漂亮名片

一、项目案例：简历不是越厚越有用

项目 19 微视频

我的专业是阿拉伯语，这是一个并不热门的语种。大四前我并不为工作的事着急，因为，在大学期间我一直在一家贸易公司做兼职翻译，负责国际贸易的总经理曾对我许诺：毕业后直接来上班就行！面对这样的承诺，我连求职的简历都没有准备。

春节一过，正是求职高峰，我便想起那位给我承诺的总经理。电话接通，我委婉地表示：自己即将毕业，希望早点去公司上班，以早日熟悉环境。谁知他说："我们公司和埃及那边的合作取消了，已经不需要学阿拉伯语专业的人了。"我就这样被人从半空扔到水泥地上。看着不知所措的我，宿舍的姐妹们要我立即制作个人简历。好朋友还叮嘱我一定要把简历做得华丽漂亮些，哪怕数量少点也没关系，见到合适的公司一定要递上去，绝对不能错过任何机会。没有一点求职经验的我点头称是，于是拿出 1 000 元钱做了 10 套装饰华丽的简历，仅一套就是厚厚一沓，怎么看都像大型项目的招标书。

招聘会热火朝天，用人单位很多，求职的大学生更多。不到 10 分钟，我手上的 10 套简历就"送"出去一大半，可得到的回答却让我沮丧极了，要么是"专业不对口"，要么就是"我们需要有两年以上的工作经历"。虽然我极力辩解，"我有三年贸易公司兼职翻译的经历"，却没有获得认可。

我和舍友阿丽同时看中一家大集团的海外贸易部。我们手拉手把自己的简历

递给负责招聘的大姐。她快速地翻着我的简历，皱着眉头说："你什么专业的，到底要应聘什么部门，有什么特长啊，写这么多干吗！等电话吧！"说完"啪"的一声把简历扔进一大摞简历堆里，高声叫道："下一个！"

我被灰溜溜地轰了出来。难道我这么厚的简历都没有写清楚这些吗？奇怪！来回走了一圈，工作的事仍没着落，可简历却一份也不剩了。正当我沮丧地准备离开时，却意外看到在会场尽头有家不错的旅游公司。这家从事境外旅游的公司在招聘栏上清楚地写着：招聘阿拉伯语专业生。我兴奋地走过去，负责招聘的中年男子笑着问我："同学，你的简历呢？"我摸了摸空空如也的书包，不好意思地冲他笑了笑："对不起，简历送完了。"说完这句话，我恨不得找个地洞钻进去，很显然，自己一点诚意都没有嘛。

所幸的是，这位先生并没有怪我的意思，仍然笑眯眯地对我说："没关系，你把有关信息填在这张纸上吧。"谢天谢地，我赶紧把姓名、学校、专业、特长一一填在空白纸上递给他，他看后说："好的，那你等通知吧。"

回到学校，想着自己的命运寄托在那样一张轻飘飘的纸上，心里便七上八下的。一个星期过去了，我没接到任何面试的电话。打电话到那家旅游公司，耐心地报上我的学校、专业和姓名，可电话那头却冷着嗓子说："我们从来没收到你的简历！"

他们当然没有收到过我的简历，我递给他们的只是一张纸而已。可怎么跟人家解释呢？难道告诉人家"我厚厚的简历已经送完了，轮到你们旅行社，就只有一张纸"吗？我真是有口难辩，看样子，简历做少了，真是害我不浅。

更打击我的还有，阿丽竟然成功地应聘到我们一起去过的那家大集团海外贸易部。她告诉我，她的简历只做了两页，一页介绍自己的基本情况，包括各科成绩，一页是大学四年的社会活动和取得的成绩。她一说完，我顿时傻眼了，原来在"制作简历"这一课上，我连及格都谈不上。

二、项目启示：制作简历和求职信，让你赢在起跑线

在对自己的职业生涯做了精心的规划，对所要从事的行业做出明确的选择和界定之后，如何进一步谋求具体的工作职位，是摆在每一个毕业生面前的重要的课题。

求职是就业的过程，也是求职者推销自己、赢得机会的过程。推销自己是一种才华，是一种艺术。有了这种才能，你就可以安身立命，使自己处于不败之地。求职技巧是连接大学与社会的纽带，只有掌握一定的求职技巧，才能在职业发展中不断做出有利于自己的职业决策，从而获得最终的胜利。在求职前要准备完整的求职资料，包括个人简历、求职信、学校推荐表或推荐信、学习成绩单、各类等级和奖励证书、参加社会实践和毕业实习的鉴定材料、有关的科研成果证明及在报刊发表的文章等。其中最主要的就是个人简历和求职信。

（一）做一份合格的简历

简历是求职者的敲门砖。面对日益激烈的岗位竞争，有些企业甚至在发布对外招聘信息时就注明"只收取简历，谢绝来电、上门拜访"的字样。一份好的简历可以提升求职成功的概率。

一份好的简历浓缩了求职者的经历、学历以及求职所必需的有关信息。撰写简历，没有固定的模式，求职者可根据自己的求职目标、招聘单位的条件和要求以及自己的强项和弱项来写，同时要注意简洁、表达清晰。

1. 简历应包括的基本内容

求职者应注意简历的内容，以方便招聘单位对自己有一个大概的了解。总的来说，求职简历应包括以下内容：个人信息（姓名、性别、出生年月、联系方式等），求职意向，教育背景，实践经验（职业技能、社会实践经历等），个人能力（专业特长、自我评价等），如图 10-1 所示。

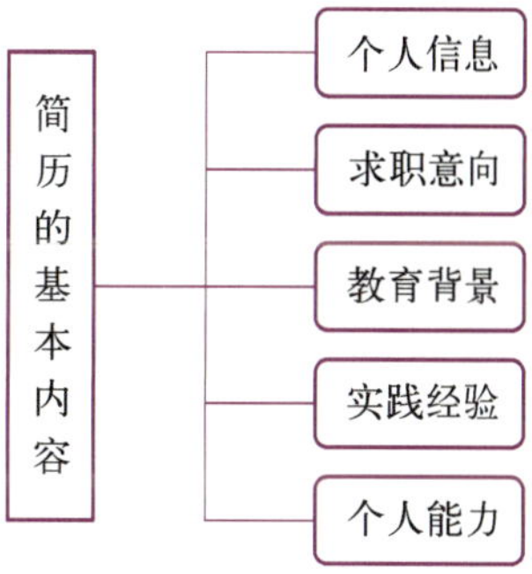

图 10-1　简历的基本内容

个人信息这部分通常置于简历的最前端,包括姓名、性别、籍贯、出生日期、毕业院校、专业、学历、联系方式(手机、电子邮箱)等,还要有标准照。这部分的撰写应以简明扼要为原则,切忌繁杂,以免干扰阅读重点。

求职意向:表明本人希望从事的职位。

教育背景:按时间列出受教育的经历。

实践经验:由于毕业生没有工作经验,很多单位非常重视毕业生的实践经历。在校期间担任过的社会工作、职务,参加过的社团活动、培训、实习、社会实践、勤工俭学等都可以列入。写清楚曾担任过怎样的职务,强调获得了哪些成果,至关重要。

个人能力:由于多数单位会关注毕业生的外语水平和计算机水平,因此可将这部分的内容单独列出。所掌握的一些技能和关键技术也应写在简历上。一般的爱好与特长没有必要写,如与应聘职位相关则可以写上。

制作简历时选择写哪些方面的内容可根据招聘单位的要求和个人的具体情况决定,但上述基本要素应尽量完备。此外,还可按需要加入下列内容:

所获奖励:在学期间获得的各类奖励,包括奖学金。

自我评价:本人对自己的专长、兴趣、性格、能力的评价。

附件:学习成绩单、学位证书、技能证书、获奖证书等。

2. 简历制作的十大要点

简历制作的好坏直接影响到求职是否能够成功。那么我们该如何制作好自己的求职简历,走出确保求职成功的第一步呢?其实,制作简历不一定非要追求与众不同,只要能注意以下十大要点,就能够制作出一份令人满意的简历来,如表10-1所示。

表10-1 制作简历的十大要点

序号	要点	要求
1	文字简洁	内容要言简意赅,流畅简练。长度最好不要超过两页A4纸
2	内容真实	许多单位都将诚实视为第一重要的品质
3	重点突出	根据企业和职位的要求,巧妙突出自己的优势

续　表

序　号	要　点	要　　　　求
4	用词准确	不使用拗口的语句和生僻的字词，更不要有错别字、病句
5	突出技能	列出所有与求职有关的技能
6	有效信息	包括：奋斗目标、工作意愿、团队精神、特长等
7	成功经验	短短一份"成就记录"，远胜于长长的"工作经验"
8	适当引用	引用主要技能和经验术语将会增加简历的分量
9	避免不利	简历中没必要写自己为什么离开原来的单位等内容
10	精心编排	简历中切忌出现跳字、文字高低不平、用改正液涂改等现象

3. 简历范例

常见的简历范例如表10-2所示。

表10-2　简历范例

个　人　情　况				
姓　名	×××	性　别	男	
民　族	××族	出生日期	2004-11-15	
籍　贯	××省××市	婚姻状况	未　婚	
户口所在地	××省××市	健康状况	健　康	
联系电话	12345678901	邮　箱	123××456@××.com	
毕业院校	某职业技术学院			
学　历	大　专	毕业日期	2023-06	
专　业	应用化工技术	爱　好	阅读，游泳	
主　修　课　程				

物理化学、化工原理、化学反应工程、化工分离工程、应用化工生产技术、工业仪表自动化、化工设备、化工安全技术、化工单元操作实训、乙烯装置仿真实训、常减压装置仿真实训、化工小型装置实训、聚丙烯仿真装置实训、甲醇冷模装置实训。

续　表

| 英语水平 | 熟练、通过四级考试 | 计算机水平 | 国家计算机二级、精通办公自动化 |

求 职 意 向

石油化工行业从事生产操作工作。

实 践 锻 炼

2023.03—2023.06	××石油公司	硝基苯装置精馏操作助理
2022.07—2022.08	××超市	××日用品推销员
2021.09—2021.12	学院学生会	学生会管理部部长

学 习 经 历

2020年9月—2023年7月　某职业技术学院
2017年9月—2020年7月　某市第一中学

获 奖 情 况

1. 全国化工生产技术技能大赛二等奖。
2. 三次校二等奖学金。
3. 某市优秀共青团干部。

自 我 评 价

1. 品行端正，谦虚谨慎，吃苦耐劳，综合素质较好，交际、沟通能力较强，拥有创新思维、有团队精神并能承受较大的工作压力，自学能力较强，求知欲强。
2. 熟练掌握Photoshop、Word、Excel等常用办公软件。

其 他 技 能

1. 利用业余时间自学播音主持。
2. C1驾驶证，熟练掌握汽车驾驶技巧。

（二）写一封有诚意的求职信

求职信是求职者写给招聘单位的信函，它通过表达求职意向和对自身能力的概述，引起对方的重视和兴趣。写求职信应重点突出求职者的背景材料中与未来用人单位最有关系的内容。写求职信的目的是引起他人的兴趣，成功推销自己并争取面试的机会。一份好的求职信也能体现求职者清晰的思路和良好的表达能力。

1. 求职信的正确写法

第一部分：写明要申请的职位以及是如何得知该职位的招聘信息的。

第二部分：陈述个人技能和个性特征。

第三部分：表明希望迅速得到回音，并写明联系方式。

第四部分：感谢对方阅读你的应聘材料并希望对方考虑你的应聘。

求职信还应包括所取得的成果及解决了具体问题的事例，这些事例应与所申请的工作类型相关。

2. 求职信的内容

求职信内容包括：称谓、正文、结尾、署名、日期、附言等。

（1）称谓：单位全称或规范性的简称。写在第一行，要顶格写招聘单位名称或个人姓名。如"尊敬的××公司领导"，并在称谓后写冒号。

（2）正文：另起一行，空两格开始。首先要写问候语"您好"，表示礼貌、尊敬，其次写得知消息的来源，并推荐自己。正文要写明求职意愿、个人条件、求职原因、提出请求等。

（3）结尾：另起一行，空两格，一般是祝愿、感谢的话，如感谢对方阅读你的材料，并表达期待回复、获得面试机会的意愿。

（4）署名、日期：姓名写在上面，成文日期写在姓名下面，用阿拉伯数字写日期。

（5）附言：留下联系方式（邮箱地址、电话）等。

另外附件目录包括学历证、学位证、获奖证书、照片、简历等。

写求职信时要注意以下事项：语言简单明了、正式规范、通俗易懂，不要使用生僻词语、专业术语；重点突出、内容完整；具体明确，不要使用模糊、笼统的字眼，多使用实例、数字等具体的说明；切忌面面俱到；一般以一页A4纸为宜。

3. 求职信范例

尊敬的××单位领导：

　　您好！

　　我叫×××，欲应聘贵公司于11月17日发布于××人才网的会计一职。

第十单元 掌握求职技巧

　　我在会计学院完成了三年制高职会计学专业课程,将于××××年6月毕业。××课程是我成绩最好的科目,目前我已经通过注册会计师全国统一考试(CPA)中的三个科目。我期望日后能在财务工作领域中发展。

　　我曾于××××年的暑假受聘于××公司,主要工作是×××等。

　　我深信我的学历及工作经验能使我较快地融入贵公司,谨附上简历一份及近照一张。如您方便,我愿意随时赴贵公司面试。我的联系方式:

　　手机:××××××××××

　　邮箱:×××@××.com

　　感谢您的阅读,祈候佳音。

求职人:×××
××××年××月××日

三、项目训练:用简历、求职信敲开企业的大门

训练内容:

根据自身特点,制作一份个性化的个人简历和求职信。

训练目的:

1. 认识简历、求职信的重要性。
2. 掌握简历的写作方法及技巧。
3. 写一封求职信,注意和简历的区别。
4. 认识到求职是展示综合能力的一种表现。

训练要求:

1. 模拟给出一些相关岗位。
2. 每位同学按相关岗位分别制作自己的简历和求职信。

3. 分小组互评,推选出一到两名同学在全班展示。

4. 评判小组由教师和每组推选的一名同学组成。

5. 请现场同学对大家的表现进行点评。

6. 由教师进行训练小结。

项目20 勇于挑战,积极面试

一、项目案例:成功的面试

案例 1

从护士到微软(中国)总经理

1985年,刚到中国发展不久的IBM公司要在中国招收一些新员工,一位充满自信的年轻小姑娘引起了经理的注意,经理问她:"你知道IBM是怎样的一家公司吗?""很抱歉,我不清楚。"女孩回答。"那你怎么知道你有资格来IBM工作?""你不用我,又怎能知道我没有资格?"女孩脱口而出,这话自信十足。她接着继续用英语说,她以前的同事和领导都相信她有能力做更多的事,她说能通过自学考试就是能力的证明,如果给她机会,她会证实她的能力和资格的,IBM公司或是别的公司如果用她一定不会后悔的。

结果她很顺利地通过了面试,不久经理就通知她来上班。"天生我材必有用",女孩充满自信的言语给主考官一种信任和认同感,使她通过了面试,并获得在国际大公司工作学习的机会。这个自信的小姑娘就是当时还是个小护士的吴士宏。

在北京椿树医院做护士期间,虽然说自己的工作也非常稳定,但吴士宏希望在其他领域获得成就。她下定决心要离开当前的工作岗位,于是选择自学,参加自学考试。谁都没有想到,只通过高等教育自学英语考试的吴士宏,就敢到IBM来应聘,并且取得了成功。

当时的吴士宏并没有见过什么大世面,却有一股不服输、肯学习的精神。当时IBM在长城饭店举行招聘,吴士宏来到饭店门口,站在长城饭店的玻璃转门外,足足用了五分钟时间观察别人怎么从容地步入这扇神奇的大门,然后她自信地穿过这扇大门。

在面试的过程中,有一件事充分说明吴士宏的自信。在顺利通过两轮笔试和一次口试之后,吴士宏进入最关键的面试环节。前面一切都进行得很顺利,在面试的最后阶段,主考官问她:"你会不会打字?"

"会!"吴士宏条件反射般地说。

"那么你一分钟能打多少?"

"您的要求是多少?"

主考官说了一个数字,吴士宏马上承诺说可以。她环顾了四周,发现现场并没有打字机,果然考官说下次再考打字。

实际上,吴士宏从未摸过打字机。面试结束,她飞也似跑了出去,找亲友借了170元买了一台打字机,没日没夜地敲打了一个星期,双手疲乏得连吃饭都拿不住筷子,但她竟奇迹般地达到了考官说的专业水准。几个月后她才还清了那笔债务,但公司也一直没有考她的打字功夫。

就这样,她进入了IBM公司,从一个普通的勤杂工做起,通过自己不断的努力学习,终于通过IBM严格考试转入专业队伍。在IBM的日子中,她不断地努力奋进,也不断地刷新自己的职业生涯目标,历任大客户销售代表、销售经理、IBM华南地区市场经理。1995年,任IBM华南分公司总经理,成为IT业界一颗耀眼的新星,也为众多的打工者树立了一个典型的榜样。

1998年2月,吴士宏辞去IBM中国销售渠道总经理职务,离开她工作了整整12年的IBM,受聘于微软中国公司总经理,登上职业经理人的一个高峰,成为一个名副其实的"打工皇后"。

尽管后来在1999年"因事业和生活中更重要的事情"从微软辞职,在IT界引起了震动,但是一段时间后吴士宏重出江湖,加盟国有企业TCL,出任TCL集团常务董事、副总裁,TCL信息产业集团公司总裁,并提出"将中国的企业做到国际上去"的长远发展方向。

2000年3月,吴士宏被评为"1999年中国IT十大风云人物",6月被亚洲《商业周刊》列为"亚洲风云人物"。

英雄不问出身,也无须分男女。

(资料来源:《逆风飞飏》,吴士宏,光明日报出版社2023年版)

案例2

盲目求职的A先生

A先生在一家知名企业工作,被派驻到了海外工作了一段时间,因为家庭的原因,希望回居住地发展,于是他选择跳槽,开始投递简历。他海量地投递简历,以至他自己都不记得投递了多少份。有一天他接到某公司的电话通知,希望他能去公司面试,第二天他信心满满地穿了一身正装,按时前往。面试开始了,公司领导很礼貌地和他沟通,请他讲述一下他的工作经历,也询问了一些他现在的情况。A先生的工作经历与他所应聘的岗位有一定关联,但也有很多不同之处。于是公司领导问A先生对所应聘职位的职责和要求是否清楚,A先生竟然不记得自己到底应聘的是什么职位,更说不清该职位具体负责什么和有什么要求。不仅如此,他对公司的产品也是一无所知。这样的情况下,公司领导对这位A先生感到非常失望。一个有着多年工作经验的职场人,重新找工作的时候竟然是如此盲目。公司领导告知A先生在面试前需要对行业知识进行一下了解,A先生竟然自负地说:"我面试了多少家公司,用不着你来教我怎样面试!"之后愤然起身离去。

应聘工作需要有针对性地投递简历,切忌盲目乱投;应聘工作要做到知己知彼,对公司的情况、公司招聘的岗位职责和任职要求要非常熟悉,再分析自己是否能承担这样的职责,是否符合该岗位的要求,从而沉着应对;对该岗位的相关行业知识要做深入了解,这样才能让自己在应聘过程中表现得更加专业。在面试过程中,要秉持谦虚的态度,不要狂妄自负,要保持对招聘者的尊重。

二、项目启示:学会面试是职场成功的第一步

在人才竞争激烈的状况下,狭路相逢"智"者胜。谁能给面试官留下最好的印象,谁就能脱颖而出。突出自己的能力、资历和气质,展示个性化魅力,扬长避短,保持自信,注重细节,这才是面试成功的秘诀。

(一)你了解面试吗

面试是一种事先经过精心设计的,考官对应聘者进行面对面的观察、交谈,或置应聘者于某种特定的情景之中进行观察,从而对应聘者的知识、工作能力、工作经验、性格、态度和待人接物的方式等素质进行考察的一种人员选拔的测试活动。

面试不同于一般形式的交谈,一是面试具有明确的目的性,二是面试有着预先设计好的计划内容和程序。初涉职场的大学生往往认为只有坐下和面试官进行一对一交谈时,才是面试的开始。其实经验丰富的面试官,一般在面试前见面的3秒钟里,就已经基本判断了一个应聘者是否是自己想要的那个人,从应聘者的神态、相貌、行走、坐姿、衣着等方面,可判断个八九不离十。因此,面试前的准备是相当重要的,要做到万事俱备,面试

前要尽可能多地了解有关该公司的背景等相关信息。

1. 常见的面试形式

常见的面试形式如表10-3所示。

表10-3 常见的面试形式

序号	形式	特征
1	个人面试	一对一的面试——只有一个主考官负责面试全过程
2	小组面试	通常是由二三个人组成面试小组对各个应聘者分别进行面试。这种面试方式利于公平竞争、有效评估、全面考核
3	成组面试	通常由面试小组（由二三人组成）同时对几个应聘者（通常是五六个）同时进行面试。在面试人员的引导下，完成一些测试和练习
4	电话面试	电话面试是一种通过手机、固话等通信工具对应聘者进行考核和筛选的面试渠道
5	无领导小组讨论	指由6～10个应聘者组成一个小组，共同应对一个需要解决的问题，以小组讨论的方式，经过各种观点和思想的碰撞、提炼，共同找出一个最合适的答案或结果
6	结构化面试	指按照事先制订好的面试提纲上的问题一一发问，并按照标准格式记下应聘者的回答和对他的评价的一种面试方式
7	案例面试	咨询类公司特有的面试方式，考察的是应聘者解决商业问题的专业素养，属于咨询人员专业技能面试
8	评价中心	外企用得比较多的面试方式，它主要通过小组讨论、公文筐、角色扮演等情景模拟方法，再加上一些传统的测试方法，对应聘者的知识、能力、个性、动机进行测评

2. 通用面试测评要素

面试测评要素，如表10-4所示。

表10-4 面试测评要素

序号	形式	内容
1	个人信息	指主要背景情况，包括姓名、年龄、性别、主要家庭关系、主要工作经历和工作成果

续 表

序号	形 式	内　　容
2	仪表风度	主要指体型外貌、行为举止和精神风貌
3	工作经验	包括过去做的工作、担任的职务、取得的成就、工作满意度和人际关系情况
4	工作态度	工作态度和动机对工作的完成有决定性的影响
5	责任心	主要从奋斗目标和理想抱负、工作意愿和工作成就等方面进行考察
6	兴趣爱好	了解业余时间的安排,经常从事的活动、业余爱好、娱乐方式等
7	分析能力	能否抓住所提问题的重点和本质,能否注意事物整体与部分的关联和协调
8	表达能力	主要包括:语言的逻辑性、感染力、影响力和清晰度,自我表述口齿清晰、有条理、用词准确、分寸恰当
9	应变能力	主要包括:答题是否迅速,对突发问题的反应是否沉着,回答是否恰当,在有压力的情况下是否反应敏捷、情绪稳定、考虑问题周密
10	组织能力	能否预见未来的不确定因素,做出周全的计划,协调各方面关系,化解不利因素
11	自控能力	面对不公正待遇、工作压力和困难时,能否克制、容忍、理智对待,做工作是否有耐心
12	交往能力	是否经常参加社会活动,实现有效沟通,主动与人合作,理解权属关系,把握原则性与灵活性
13	精力活力	经常从事的运动和运动量的大小,能连续工作多长时间,身体状况等

(二)如何准备面试

面试前做大量的准备工作和练习是很有必要的。这里我们强调的准备主要是问题预测、形象准备和心理准备三项。

1. 问题预测

回答问题是面试的主要内容。面试官向应聘者提出问题,并通过其对问题的回答来了解、判断、推测应聘者适应未来职业岗位的能力。应聘者对问题回答得如何,在很大程度上决定着能否应聘成功。我们可以把在面试中可能被问到的问题归纳起来,设计面试情景,反复推敲、润色每一个答案并不断练习。做好问题预测,必须深入了解并掌握五个方面的知识内容,如图10-2所示。

```
                    面试问题的分类
    ┌──────────┬──────────┬──────────┬──────────┐
个人方面的问题  学业、经历方面的问题  单位方面的问题  职业方面的问题  其他方面的问题
```

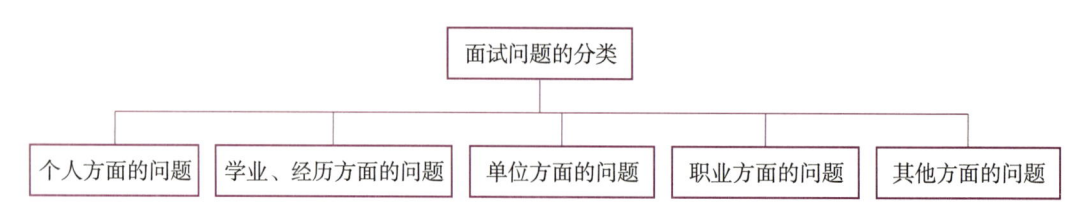

图10-2　面试问题的类型

（1）关于个人方面的问题。

"请介绍一下你自己"：在面试前用人单位大多都看过了毕业生的自荐材料，一些基本情况都有所了解，所以介绍内容要与个人简历相一致；表述方式上尽量口语化；态度诚恳，言简意赅；条理要清晰，层次要分明；事先最好以文字的形式写好背熟；自我介绍不能超过2分钟，最好把握在1分钟左右；要突出你应聘该公司的动机和具备的素质。

"你有什么优缺点"：充分介绍你的优点，但最好少用形容词，要用能够反映你的优点的事实说话；介绍缺点时可以从大学生普遍存在的弱点方面介绍，例如缺少社会经验，但如果有不可隐瞒的缺陷，也不应该回避，比如曾经遭遇的失败，应如实介绍，同时可以多谈一些现在的情况。

"谈谈你的家庭情况"：此类问题70%的用人单位都会提及，有助于了解应聘者的性格、观念、心态等。建议谈谈2～3位主要家庭成员；强调温馨和睦的家庭氛围；强调父母对自己教育的重视和对自己工作的支持；强调自己对家庭的责任感。

（2）关于学业、经历方面的问题。

"你对自己的学习成绩满意吗"：有的毕业生成绩比较好，对这样的问题就很好回答，成绩不太好的毕业生，可以表明自己的态度，并给予一个合适的理由，但不能找如"老师教得不好"等原因，这样显得你在推卸责任，同时最好突出自己优秀的方面，以免让人觉得你一无是处。

"你如何评价你的大学生活"：大学期间是职业生涯的准备期，可以强调自己的学习、工作、生活态度及取得的成绩，以及大学生活对你的影响。也可以简要提一些努力不够的地方。

"你担任过什么职务或参加过什么活动"：可以介绍一下自己的实习、社会调查、社团活动、勤工俭学等方面的情况以及取得的成绩。最好还能介绍你在这些活动中取得的实际工作经验对你今后工作的重要性，它能说明你是一个善于学习的人。

（3）关于单位方面的问题。

"你了解我们单位吗"：只要毕业生提前做些准备，从多种途径收集用人单位的信息，对这样的问题就比较容易回答，如果答非所问或张口结舌，场面可能会很尴尬。

"你了解我们所招聘的岗位吗"：毕业生针对这样的问题可以从岗位职责和对应聘者的要求两个方面谈起，很多毕业生在这样的问题面前手足无措，其实只要详细阅读单位的招聘信息就可以了。

"你为什么应聘我们单位"：毕业生可以从该单位在行业中的地位，以及自己的兴趣、能力和日后的发展前景等角度回答此问题。可以说"我十分看好贵公司在所在的行业中的发展前景，我认为贵公司十分重视人才，而且这项工作很适合我，相信自己一定能做好"。

"你是否应聘过其他单位"：一般的单位都能理解毕业生同时应聘几家单位的事实，可以如实地回答，但最好能说明自己选择的次序。

（4）关于职业方面的问题。

"你找工作最重要的考虑因素是什么"：可以结合自己正在应聘的工作，侧重谈自己的兴趣、对于取得事业上的成就的渴望、施展才能的可能性、未来的发展前景等。

"你认为你适合什么样的工作"：结合自己的长处或者专业背景回答，也许单位是结合未来的工作安排来提问，也许只是一般性地了解你对自己的评价，不要说不知道，也不要说什么都行。

"你如何规划你个人的职业生涯"：毕业生在求职前一定要对这样的问题有所考虑，这并不仅仅是因为面试时可能被问到，还因为对这个问题的思考有助于个人树立目标。

（5）其他方面的问题。

知识性的问题：如果应聘岗位是技术性的岗位，在面试时很可能被问到与专业知识相关的问题，甚至面试官会直接出道题目让你解答。

"你有什么问题":有的毕业生愿意就"你们在我们学校招几个人""你们单位对毕业生有哪些要求""什么时候给我们最终的答复"这样的问题进行提问,实际上很多单位在自己的招聘信息中已经对这些问题进行了详细的说明,这样的提问只能表示你对招聘信息关注得不够。可以就如果被公司录用可能会接受的培训、工作的主要职责等问题进行提问。

2. 礼仪准备

(1)服饰要得体。就服饰而言,应聘者在参加面试前,必须精心选择自己的服饰。所选服饰要与自己的身材、身份相符,表现出朴实、大方、明快、稳健的风格。着装应该符合时代、季节、场所等特点,并且要与自己应聘的职业相协调,能体现自己的个性和职业特点。

(2)遵守时间。守时是现代职场的一个重要品质,是作为一个社会人要遵守的最起码的礼仪。面试中,最忌讳的就是不守时,因为迟到会使用人单位认为你不重视这次的面试。

(3)表情要自然,动作要得体。进门时,不要紧张,表情越自然越好,在对方没有请你坐下时切勿急于坐下,请你坐下时,应说声"谢谢",坐下后要保持良好的坐姿。

(4)要讲究文明礼貌。进门时应主动打招呼,如果是对方主动约自己面谈,一定要感谢对方给自己这样一个机会;如果是自己约对方面谈,一定要表示歉意,说"对不起,打扰您了"等。

(5)保持安静。在等候面试时,不要到处走动,不要四处张望,与其他求职者交谈时也应尽可能地降低音量,避免影响他人面试或思考。等候面试时要抓紧时间思考如何表现,积极做好面试准备。

(6)尊重对方,善解人意。要取得招聘者的好感就必须尊重对方,善解人意。在求职时往往有这种情况:招聘者的资历、学历、职称、年龄等可能不如求职者,此时千万不能妄自尊大。如果一旦流露出不尊重对方的表情,处处显示出优于对方、待价而沽的态度,容易引起对方的反感。

3. 心理准备

(1)充满自信。自信是一种态度,是一种由内而外的稳定情绪。自信并不一定是先天具有的,它可以通过后天的积累培养而产生。自信不一定需要用语言来表达,它可以通过神态、语气、姿势、仪态等,无声无息地、由内而外地散发出来。自信不是外表的伪装,而是发自内心地对自己的信任和对生活的信任。当一个人保持一种积极的态度和一个良好的精神状态时,无论面临什么情况都能泰然处之。

(2)双向选择的心态。面试的目的是合作而不是竞争,是一种双向选择,有了这种心态,应聘者就能保持良好的精神状态,以沉着、稳健的姿态面对面试官的提问,自然能表现出一种不卑不亢的态度。

(3)输得起的心态。应聘者如果有了不怕挫折、不怕失败的心态,那就会大大增强面试的信心,就算遇到比自己强的竞争者,也不会自惭形秽,而是抱着一种"一山还比一山高""我也要成为那样的人"的积极心态来对待。有了这种输得起的思想准备,回答问题时就会从容不迫、自然得体、落落大方,从而增加面试的成功率。

(4)保持自己的本色。当进入最后一轮面试时,面试官不仅会考察应聘者的能力,还会观察其性格、习惯和态度是否符合公司的文化和价值观,衡量其是否能同以后的上司和同事融洽地共事。应聘者要注意不要猜测面试官的喜好,而是把自己的性格和态度自然地表露出来。

除做好以上的准备工作以外,还需要提前规划好交通线路,以免迟到;整理面试的文件(需要准备学历证书、身份证、报名照、水笔、其他证明文件等)。另外,与用人单位约好面试时间后,一定要提前5～10分钟到达面试地点。

(三)面试技巧

1. 运用语言的技巧

面试场上你的语言表达艺术标志着你的成熟程度和综合素养。对应聘者来说,掌握语言表达的技巧无疑是重要的。那么,面试中怎样恰当地运用谈话的技巧呢?

(1)语言流利,口齿清晰,谈吐大方。交谈时要注意发音准确,吐字清晰,语速适中。忌用口头禅,更不能有不文明的语言。

(2)语气平和,语调恰当,音量适中。面试时要注意语言、语调、语气的正确运用。打招呼时宜用上语调,加重语气,以引起对方的注意。自我介绍时,最好多用平缓的陈述语气,不宜使用感叹语气或祈使句。音量的大小要根据面试现场情况而定。两人面谈且距离较近时声音不宜过大,群体面试而且场地开阔时声音不宜过小。

(3)语言机智、幽默。说话时除了表达清晰,适当的时候还可以运用幽默的语言,使谈话保持轻松愉快的气氛,这也会展示自己的优雅气质和从容风度。尤其是当遇到难以回答的问题时,机智幽默的语言有助于化险为夷,并给人以良好的印象。

(4)关注对方反应。求职面试不同于演讲,而是更接近于交谈。交谈中,应随时注意对方的反应,适时地调整自己的语言、语调、语气、音量、修辞,包括陈述内容,这样才能取得良好的面试效果。

2. 回答问题的技巧

(1)简洁得体,把握重点。一般情况下回答问题要结论在先、议论在后,先将自己的中心意思表达清楚,然后再叙述和论证。回答一切问题都要围绕应聘岗位展开,少说多余的话,以免言多必失。

(2)确认提问内容。面试中,如果对用人单位提出的问题,一时摸不着头脑,以致不知从何答起或难以理解对方问题的含义时,可将问题复述一遍,并先谈自己对这一问题的理解,再请教对方以确认内容。对不太明确的问题,一定要搞清楚,这样才会有的放矢,不致答非所问。

(3)见解独到,有个人特色。用人单位通常在一场面试中接待若干名应聘者,相同的问题问若干遍,类似的回答也要听若干遍。因此,招聘者对面试会有乏味、枯燥之感。只有具有独到见解和个人特色的回答,才会引起对方的兴趣和注意。

(4)实事求是,诚恳坦率。面试遇到自己不知、不懂、不会的问题时,回避闪烁、默不作声、牵强附会、不懂装懂等做法均不可取,诚恳坦率地承认自己的不足之处,反倒会赢得主试者的信任和好感。

3. 消除紧张的技巧

由于面试成功与否关系到求职者的前途,所以大学生在面试时往往容易产生紧张情绪。有些大学生可能由于过度紧张而导致面试失败,因此求职者必须设法缓解过度紧张的情绪。面试前可翻阅一本有趣的杂志、书籍;在心理上不必把面试的结果看得太重,在战略上藐视它;可采取闭目养神和深呼吸等方法缓解紧张;还可有意识地控制说话的速度,说得缓慢、响亮。

(四)面试后的注意事项

1. 及时退出考场

当面试官宣布面试结束后,应聘者应礼貌道谢,迅速退出考场,不要再补充回答,也不要再提什么问题,如果你认为确有必要的话,可以事后写信说明或回访,不能在面试结束后仍拖泥带水,影响其他人面试。

2. 不要急于打听面试结果

在一般情况下,面试官每天面试结束后都要进行讨论、汇总,报主管领导批准,最后确定录用人选,这可能要3~6天,甚至更长时间。应聘者在这段时间内一定要耐心等候消息,切不可到处打听,急于求成往往会适得其反。

3. 学会感谢

面试结束后,即使对方表示不予录用,也都应表示感谢。打一个感谢电话、写一封简短热情的感谢信都会使你的应聘善始善终。面试后表示感谢是十分重要的,你如果没有忽略这个环节,说不定会使对方改变决定。

4. 为下次面试做好准备

每次面试结束后都应当做一次总结反省,以便为下一次面试做更充分的准备。毕竟经过一次面试就获得职位的概率是很小的。可按照以下次序逐一总结:这次面试有什么地方准备不足?自己的表现是否不够镇定、缺乏自信?问题应答是否恰当?什么地方给面试官留下的印象最深?什么地方还存在不足?下次应有什么不同的做法?等等。

三、项目训练:给面试官一个录用你的理由

训练内容:
以情景模拟和点评的形式进行模拟面试。

训练目的：

1. 掌握面试前必要的准备工作。

2. 积极自信地把自己展现给面试官。

3. 用面试知识及面试技巧，回答面试官的"压力"提问。

4. 证明我可以、我能行，成功地将自己推销出去。

训练要求：

1. 提出所选行业的一些职位需求信息及相关说明。

2. 分组，通过阅读职位说明书，进行讨论，做好面试准备。

3. 全班推选5名同学，和教师一起扮演面试官，1名同学扮演主持人。

4. 面试环节由自我简介和问答两部分组成。

5. 在每名同学面试结束后，教师对面试者提出指导性的意见和建议。

第十一单元 树立诚信意识

在本单元你将认识到诚信是做人的基本准则,是一种基本的道德品质;诚信也是一个人最好的口碑,是你走向成功的基石。扫描右侧二维码,详细了解本单元的主要内容。

单元训练目标

1. 明白诚信做人的道理和意义。
2. 树立诚信意识,养成诚信习惯。

第十一单元
授课视频

项目 21 ▶ 信誉是做人的信条，诚信成就未来

一、项目案例：人无信不立，业无信不兴

案例 1

项目 21 微视频

一件快递一份使命，用诚信书写快递奋斗史

王小强，嘉峪关市华宏园通快递有限公司副经理、团支部书记。荣登"中国好人榜"，获评"诚实守信好人"。从业 10 年以来，他在工作中一点一滴地践行诚信快递精神，以"把每一件简单的事做好就是不简单，把每一件平凡的事做好就是不平凡"为人生信条，扎根快递服务一线苦练技能，凭借爱岗敬业、无私奉献、真诚热情的工作态度，赢得了当地居民用户的信任和广泛赞誉，也受到了各级领导和同事们的肯定。

"人无诚而不立，无信而不远"。这句话是说诚实的人只有讲信誉，做事才能长久，朋友才会更多，路才会走得更远。一个诚信敬业的人无论在哪里都能够找到属于自己的舞台，实现自我价值，受到人们的尊重。王小强就是这样一名诚信敬业的人，作为一名普通的快递从业者，他没有做出什么壮举，只是凭着对快递事业的忠诚和热爱，凭着对客户的真诚，凭着对信念的执着追求，在平凡的岗位上演绎着不平凡的人生，在传递人间温暖的路上不断实现自己的人生价值。

王小强深夜为用户送上急救药品诚信服务的事迹不胫而走，受到了社会各界

的广泛关注,在收获荣誉与掌声的同时,他始终不忘自己的从业初心,于他而言,荣誉加冕,他更要做好服务,不辜负大家对他的肯定。王小强说干快递其实是最考验一个人诚信敬业精神的,因为不论刮风下雨还是烈日炎炎,都必须将每一个快递安全送达用户手中。作为一名年轻的"90后"快递员,他在这一行一干就是10年,无论是面对恶劣天气还是无理用户的刁难,他都用微笑化解,他说既然选择了这份工作,那就要坚持。

王小强多次在公开采访或者座谈交流时说:"青春正当时,青年当自强。我们作为一个新的现代服务行业的青年,我们的职责不仅仅是将快递安全、准确、及时地送达,更是在传递一份诚信为本的责任,我们用脚步丈量的不仅是远方,更是行业青年的使命与担当。'快递员'不再是一个送货的,而是习近平总书记惦记牵挂的'美好生活的创造者、守护者',承担着畅通经济微循环,保障服务民生的重要作用。从送好一个快递挣一块钱,到送好每一个快递不仅仅是为了挣一块钱,我为新时代快递小哥代言!"

案例 2

商鞅徙木立信

商鞅在变法之初,恐怕人民不信任他,于是把一根三丈之木立于国都南门,然后宣布能将此木搬到北门者赐10金。搬动一根木头,何须如此重赏,人们自然不信。于是他又下令,将赏金加至50金。有人将信将疑地把木头搬到北门,果然得到50金。于是商鞅在人们心目中树立了令出必信、法出必行的印象。

二、项目启示：诚信是做人做事的基本准则

所谓诚信，就是要诚实、守信用，对自己、对他人、对集体要有责任感。它既是中华民族的传统美德，也是我们每个人应该遵守的起码的道德标准。我们的父母和老师常常用他们的言行教导我们从小就要做一个讲诚信的人。

诚信，是中华民族的优良传统之一，自古以来，中国人就看重诚信。明末清初的顾炎武曾赋诗言志："生来一诺比黄金，哪肯风尘负此心。"这句诗表达了自己坚守信用的处世态度和其内在品格。

（一）诚信是立身之本

"诚"指真实的内心态度和品格，体现的是自我的道德修养，用于约束个体；"信"指人际关系中的践约与守诺，更多地体现一种外在的社会关系，是对社会群体的双向或多向要求，用于规范社会秩序。所谓诚信，就是要诚实、守信用，对自己、对他人、对集体要有责任感。它既是中华民族的传统美德，也是我们每个人应该遵守的最起码的道德标准。

"诚"，更多地指个体的内在，指一种真实、诚恳的内心态度和内在品质。"诚"所关涉的对象更多的是个体自身，是一个人对于自身道德水准和行为规范的要求，是个体对于自身将成为一个什么样的人的关切。《孟子》对"诚"的诠释是这样的："诚者，天之道也；思诚者，人之道也。"孟子将"诚"视为天道，视为人最为根本的一种道德属性；人作为天地之造化、万物之灵长，必须通过对"诚"的认识、反思和践行来秉承天道，将"思诚"作为人之道，也就是将其作为人伦道德的基本规范。

与"诚"相较而言，"信"发生在至少两个人之间的关系当中，涉及自身外在的言行，涉及人与人之间的作用和影响。如果说"诚"的重心在于我，"信"的重心则在于人，尤其在于自身言行对他人的影响。所以，"信"是一种主体间的道德准则，而并不仅仅关系到一己之诚。守信就是遵守诺言、实践自己的诺言。"言必信，行必果"是中华传统美德，守信是最基本的道德要求。

综上所述，诚，是内在的品质；信，则是外在的表现。怀着诚实不欺的心，并付诸实际行动，这就是"诚信"。大学生的诚信意识、诚信行为、诚信品质，关系良好社会风尚的形成，关系社会主义和谐社会的构建，在一定意义上关系中华民族的未来。大学生要以"诚信为本、操守为重、守信光荣、失信可耻"为基本要求，把诚信作为高尚的人生追求、优良的行为品质、立身处世的准则，自觉做到言必信、行必果，诚心做事、诚实做人，言行一致、表里如一，努力培养诚实守信的优良品质。

（二）诚信是处世之道

诚信，是一种永恒的力量，是一个人最宝贵的财产。诚信的品德是在人类文明发展过程中积累起来的，无论何时何地都不会过时。它赋予每个人以尊严，提升人的品位，促进人类的发展。

诚信的力量巨大。如果你在与人交往的时候能够信守承诺，别人就会被你的态度打动，也就能信任你、支持你。诚信会使你在困难的时候得到真正的帮助，也会使你在孤独的时候得到友情和温暖。一个人一旦缺失了诚信，就会在这个社会上寸步难行。

（三）诚信是立业之基

党的二十大报告提出："弘扬诚信文化，健全诚信建设长效机制。发挥党和国家功勋荣誉表彰的精神引领、典型示范作用，推动全社会见贤思齐、崇尚英雄、争做先锋。"2023年1月31日，习近平总书记在主持召开中共中央政治局第二次集体学习时发表重要讲话，他说："完善产权保护、市场准入、公平竞争、社会信用等市场经济基础制度，加强反垄断和反不正当竞争，依法规范和引导资本健康发展，为各类经营主体投资创业营造良好环境，激发各类经营主体活力。"

诚信是一笔无形的财富，如果丢失了诚信，你失去的将不仅仅是发展机遇，还有别人对你的信赖。在市场竞争和人才竞争日益激烈的今天，任何人和任何企业的成功都不是一蹴而就的，都会有一个艰苦奋斗的过程，在这个过程中，诚信起着举足轻重的作用。很多商业巨头的个人创业史表明，诚信是他们得以成功的根本，是帮助企业发展的"存款"。

可见，诚信不仅有道德价值，还隐含着巨大的经济价值和社会价值。这些商业巨头们的创业成功，正是因为他们认识到了诚信这笔"存款"的价值，善用这笔"存款"，才会在滚滚商业大潮中脱颖而出，成为各行各业的佼佼者。

（四）诚信是驰骋职场的通行证

当前众多企业面临人才流失率高的窘境。很多人力资源专家指出，出现这种现象的根本原因就是诚信危机。具体表现为：员工往往为高薪而跳槽；而企业害怕人财两空，不愿花钱培养人才，热衷于找猎头从竞争对手那里"挖墙脚"。企业抱怨人才流动"太过自由"，对企业的发展构成了严重威胁；而员工崇尚自由选择权，反对企业设防牵制，双方互不信任。

"人往高处走，水往低处流"，我们每个人都希望自己能取得更高的成就，合情合理。因此，对于员工来讲，想通过跳槽谋求一个更好的职位，寻求更好的发展，也是可以理解的。然而，随意毁约是一种不诚信的行为，个人通过毁约看上去可以换得一份不错的工作，却往往影响到今后的职业生涯，得不偿失。一个人如果频繁跳槽，只能越跳越糟糕。因为一个人频繁地换工作，对一份工作浅尝辄止，专业方面很难有所建树，既耗费时间，又透支职场诚信度。对企业管理者来讲，他们会认为这种人不稳定，没有耐心和恒心，自然不会予以重用。跳槽者会因此影响了自身的职业发展，使自己在职场上进退两难。

职业发展专家将人的职业生涯划分为五个发展阶段：成长期、探索期、创新期、维持期和衰退期。一个人职业生涯发展前的一到五年，是职业探索期，在这期间，如果我们频繁跳槽或盲目转行，探索期就会相应延长，从而造成时间浪费。

因此，从自己职业生涯发展的角度考虑，我们对待工作要诚信第一。诚信是一辈子的事情，是驰骋职场的通行证，远比机会重要。这次的机会没有了，还会有下次的机会。而一个人的能力，尤其是信誉，必须经过积累才能看出来。只要我们慎重地选择工作，至少应该踏踏实实地做满两年时间，坚守自己的承诺，言而有信，做一名诚信的职业人，正面、乐观、积极地对待和处理问题，积累工作经验和专业技能，获取同事、领导的欣赏和信任，得到企业的重视与培养，就会为未来的良好职业发展打下基础。

总之,诚信是一种高尚的人生境界,是一种生命体验的崇高格调,是实现真正意义上的自我价值的基础。守住诚信,就守住了生命的价值;留住诚信,就留住了人生的灿烂与辉煌。

三、项目训练:诚信值千金

训练内容:

阅读下列内容并思考。

人无信不立,业无信不兴,国无信不强。诚信是文明社会不可或缺的基石,信息时代尤其呼唤诚信。加强网络诚信建设,已经成为网络空间治理的迫切课题。

近年来,在各方携手努力下,我国网络诚信建设取得积极进展和成效,为网络文明不断注入正能量。《中国网络诚信发展报告2023》显示,网民对2022年网络诚信建设状况满意率达84.24%,网络诚信领域向上向善形势更加巩固。

也应清醒看到,网络诚信建设面临着新问题、新挑战。网络水军等网络失信顽瘴痼疾,在严厉整治下以新的形式改头换面、反弹回潮;打赏失度、违规营利、恶意营销等问题屡见不鲜;生成式人工智能、深度合成技术等兴起的同时,也让虚假信息、网络谣言等更难甄别……加强网络诚信建设,难以毕其功于一役,需要凝聚众智、集聚众力、久久为功。

网络诚信需要全社会共同维护,网络诚信建设离不开信用主体共同参与。前不久,第五届中国互联网辟谣优秀作品发布,《征信疑云》《熊猫捉谣记》等入选作品,以百姓喜闻乐见的方式帮助广大网民提高识谣辨谣能力,内容实用、形式新颖。事实证明,与时俱进、创新方式,有利于推动网络诚信知识的普及和意识的增强。大力宣传重诺守信先进典型,也可以不断提升网络诚信建设的影响力、感召力。

集中治理和常态化治理要有机结合起来。对于社会关注度高、群众反映强烈的热点难点问题,要通过持续深入推进"清朗""净网""护苗"等系列专项行动,猛药去疴、重典治乱。同时,坚持激发企业发展活力与维护网络秩序并重,守好网络诚信建设的第一道关口和第一道防线。例如,可对电商平台组织开展网络诚信建设效果评估、电商企业诚信档案创建等,进一步压实平台主体责任。

网络诚信建设与新兴传播技术、数字经济等关系密切,无论是建章立制还是优化治理,都需要精准精细、科学施策。在探索完善个人信用评价体系、及时惩治网络失信行为的同时,也需加强正向激励,对在网络诚信建设领域做出突出贡献者给予奖励。此外,还应重视个人信用修复和异议处理。

网络空间是亿万民众共同的精神家园。有效联动、群策群力、人人参与,切实规范网络行为,维护网络秩序,净化网络环境,携手构建多元共治的网络诚信建设格局,就能助力营造清朗健康的网络空间、公平公正的网络生态,推动建设健康向上的网络文明。

(资料来源:《网络诚信需共建共治》,金歆,《人民日报》2023年08月15日,有删减)

训练目的:

1.【拟写座右铭】请你以"诚信"为主题给自己写个座右铭。

2. 深入思考网络诚信是什么。

3. 理解诚实守信不仅是基本的法律原则,也是道德规范,它要求人们在相互交往中保持诚实、善意和信用,我们如何不碰法律红线,不触道德底线。

训练要求:

同学们借助信息化教学手段分组讨论,畅所欲言。讨论后每组选定代表发言,并由老师和学生分别点评。

项目 22　弘扬诚信文化，凝聚守信共识

一、项目案例：社会信用体系建设法治化、规范化水平进一步提升

2022年3月，中共中央办公厅、国务院办公厅印发的《关于推进社会信用体系建设高质量发展促进形成新发展格局的意见》明确提出，推动社会信用体系建设全面纳入法治轨道，规范完善各领域各环节信用措施，切实保护各类主体合法权益。随着我国社会信用体系建设的不断发展，加快推动信用立法，成为现阶段经济社会发展的客观需要。同年，国家发展改革委、中国人民银行会同社会信用体系建设部际联席会议成员单位和其他有关部门（单位）研究起草了《中华人民共和国社会信用体系建设法（向社会公开征求意见稿）》，向社会公开征求意见。

随着社会信用体系建设的深入推进，社会信用体系建设法治化、规范化水平将进一步提升。一方面，信用法治建设化将进一步深入推进，《中华人民共和国社会信用体系建设法》草案稿将进一步完善并按流程上报，更多的省份和城市将推出地方信用立法，越来越多的法律和行政法规将写入信用相关条款；另一方面，随着《全国公共信用信息基础目录》《全国失信惩戒措施基础清单》《失信行为纠正后的信用信息修复管理办法（试行）》等文件的印发实施，社会信用体系建设规范化水平将进一步提升。

二、项目启示：倡导诚信理念，推进社会信用体系建设

诚信是中华民族的传统美德。社会主义核心价值观的培育和践行离不开诚信这一道德基石。我们要积极推进社会信用体系建设，普遍培育诚信意识，让守法知法、文明诚信的良好风尚蔚然成风。人无信不可，民无信不立，国无信不威。诚信是一个人安身立命之本，是社会发展进步的基石。

（一）自律是职场诚信之本

自律是指一个人对自己的思想和行为进行规范和约束。自律不仅是一种主动、积极、向上的人生态度，更是一种诚实守信的职业素养。

职场中的自律是指人们在摒弃外力作用的前提下，自发地遵守工作纪律、履行工作职责、不断地完善自我以实现自我价值的行为过程。一个不能自律的职业人，是不合格的职业人。

自律是一种诚信，是一种自我控制。自律的职业人信奉：领导不在，我就是自己的领导。他们坚信：今天工作不自律，明天努力找工作。当前，职场竞争日趋激烈，我们更应该珍惜自己的工作岗位，保持高度的自律意识，踏踏实实地做出成绩。

工作是创造价值的过程，也是实现价值的过程。许多企业宁要一个才能一般，但是自觉性高、可以信赖的员工，也不愿意接受一个才华横溢、能力高超，却阳奉阴违、投机取巧的人。在企业管理者的眼中，员工的诚信、自律胜过才能百倍。

因此，一个优秀的员工会永远保持诚信自律的职业精神，无论领导在与不在，永远都会自律，保持高度的工作热情，懂得为自己负责，更懂得为单位的利益负责。这样的人最终将获得单位的信任和重用。

（二）承诺无小事

承诺无小事，轻诺必寡信。恪守承诺是我们每个人的生存之本、立业之道。不管所

做的承诺是大还是小，我们都应重视和履行。因为个人的诚信品质是靠一点一滴积累起来的，仅靠一两次行动无济于事。如果我们轻视承诺，哪怕是很小的一件事情，都有可能成为失信的人。

承诺无大小之分，信用无轻重之别。违背承诺，短期内或许不会对个人造成什么大的影响，长期下去却一定会被周围人孤立。

（三）为人正直不欺骗

正直是中华民族的传统美德，是珍贵的品格之一，正直与诚信就像孪生兄弟一样，形影不离。

正直者无私，不论说话做事都心怀道义，牢记责任，明辨是非；正直者无虚，他忠于自己，也忠于别人；正直者无曲，从不口是心非，闻正言，行正道；正直者无畏，义无反顾，对的敢坚持，错的敢反对，有坚持真理的风骨和勇气。

曾经有人在企业管理者中做过一个调查：一是"你最愿意招聘什么样的人"，二是"你最不愿意招聘什么样的人"。调查结果是：在"最愿意招聘"的员工中，"正直、诚信的人"排在第一位；在"不愿意招聘"的员工中，"不正直、不守信的人"排在第一位。

这个结果提示我们：正直是做人的脊梁，诚信是做人的名片。在社会交往中，正直、诚信有着根本性的重要意义。"恪守诚信，秉承正直"是职场的重要价值观。在职场中，诚信和正直是全方位的，包括对待客户、同事和领导等。对客户，坦诚相待，不追逐短利、欺瞒客户；对同事，不损害同事利益，不失信于同事；对领导，要实事求是，不隐瞒、不欺骗。

（四）勇敢承担责任

在工作中，勇敢承担责任就是要在其位谋其政，敢于对工作负责，不推卸责任。这是诚信的表现，更是个人在职场中应遵循的基本原则。人们往往认为承认错误和担负责任就意味着承担严厉的惩罚，因而犯了错误总是不敢主动承认错误并承担责任。但不敢担责就会造成自己的失信。这些不诚信的员工恰恰在工作出现问题时，首先不从自身找原因，而是把问题归咎于外界或将责任往他人身上推，寻找各种理由为自己开脱。殊不知，这些理由甚至借口,并不能掩盖已经出现的问题和失误。

责任并不是强加给我们的负担,而是给我们提供的一种敢于挑战自己的积极选择!犯错并不可怕,可怕的是犯了错没有勇气承认。成功的人之所以能够成功,是因为他们不畏惧失误,敢于承担责任并从中吸取教训,及时寻求补救策略和改正方法,尽可能降低错误带来的损失。

金无足赤,人无完人。面对问题不畏惧,面对错误敢承认,勇于承担责任,这是一种魄力,是一种诚信,是一个人稳步于职场的不二法则,是获得个人全面发展的必备素质。

(五)守时也是一种诚信

看一个人是否重信誉,我们不妨先看他是否守时。不守时就是不守礼,不守礼必然不守信。守时是一种素质,更是一种诚信。

现代快节奏的生活,呼唤着人们增强时间意识。守时,理应是每个职场人必备的素质之一。遗憾的是,不守时的情况却经常在我们身边发生。

通知了几点开会,却总有那么几个人迟到;明明知道上下班时间,非要迟到或者早退;聚会的时间到了,有人就是不见踪影;要求什么时间办完某件事,也总有人不能按时完成……

诸如此类的事情,屡见不鲜。在当今的信息时代,时间变得比以往更珍贵。不守时,不仅是浪费自己的时间,也浪费了别人的时间。

守时是遵守承诺的一种表现。比如,我们要按时到达与对方约定的地点,如果因特殊原因不得不失约,也应提前通知对方,并向对方表示歉意。不要轻视这类小事,因为这是对别人的一种尊重,体现的是我们的诚信。我们每个人都扮演着不同的社会角色,时间对个人来说就是生命,对企业管理者来说就是经济效益。因此,守时是礼节,是维持良好社会关系中的重要因素,更是做人必备的良好素质。

无论是个人还是企业,诚信都是一种高尚的品格。让我们每个人都保持一个诚信之心、树立诚信意识、打造诚信口碑。凡事都坚定不移地保持诚信行为,我们的事业就会走向成功,人生会更加辉煌。

三、项目训练：你能做到诚信吗

训练内容：

进行诚信测试，加强诚信教育，构建和谐校园。

训练目的：

1. 加深对诚信内涵的理解。

2. 分析自己在面对失信现象时的态度。

训练要求：

请如实回答以下问题，然后参考后面的计分标准打分，并按照给予的建议加以训练。

1. 当周围同学的喧闹使你不能集中精力学习时，你会：

A. 感到心烦，在心里抱怨。

B. 向他们提出你的不满。

C. 另外找一个清净的地方。

2.《韩非子》中有一则寓言。宋国有个富人，一天大雨把他家的墙淋坏了。他儿子说："不修好，一定会有人来偷窃。"邻居家的一位老人也这样说。晚上，富人家里果然丢失了很多东西。假设你就是那个富人，你会怎么想：

A. 自认倒霉。

B. 运用法律武器，立即报告官府，缉拿偷盗的人，维护自我合法权益。

C. 儿子很聪明，怀疑是邻居家老人偷的，找他理论去。

3. 在无人监考的大学生英语四级考试中，你遇到了许多不会做的题目，这时你会：

A. 看实际情况吧，能抄就抄，抄不了就算了。

B. 不会做就不会做，绝不看别人的，说不定有监视器呢。

C. 东张西望，力争抄到答案，不然就不及格，也就拿不到毕业证书，多可怕呀。

4. 在饭堂打饭时,周围人太多,服务员没留意到你是否打卡,而实际上你却没打卡,这时你会:

A. 和服务员开个玩笑,装着没看见,一走了之。

B. 开食堂也不容易,自觉地打卡。

C. 义正词严地说:我打过卡了。

5. 在教室的课桌上,你(或者和同学)发现了上节课同学落下的手机、戒指等贵重物品,这时你会:

A. 携物私藏,换个座位,淡然处之,权当物品不在自己身上。

B. 试图联系失主,告知其遗失物品,等待失主的到来。

C. 反正是失主自己忘掉了,丢失活该。

6. 诚信、成人、成才是辩证统一的关系,诚信是基础,然后才谈得上探索如何成人与成才,你认为哪句话最能概括三者关系:

A. 车无辕不行,人无信不立。

B. 有德有才者,谓之君子;有德无才者,谓之贤人;有才无德者,谓之小人。

C. 成在学、思、行,行在诚、实、信。

7. 助学贷款是国家为支持和鼓励家境贫寒的学生完成大学学业而设立的无担保、无抵押、无质押的纯粹意义上的信用贷款。有些高校助学贷款的还贷违约率超过20%,令学校和银行方面有苦难言。你觉得影响贷款同学还贷的最主要的因素是什么呢?

A. 抱着是否偿还都无所谓的心理,反正国家也无法制裁自己,坚持能拖就拖、能赖就赖的想法。

B. 个人或者家里出现问题,以致不能按期还款。

C. 毕业后一定时期内的收入不足以偿还贷款。

8. 爱情是校园里永恒的话题,它常谈常新,永不褪色。如果你在大学期间谈恋爱，你认为：

A. 玩玩而已，不会投入很深的感情，以后定会遇到更合适的。

B. 对感情负责，认真投入，真心实意地恋爱，不求回报。

C. 过程比结果更重要，只在乎曾经拥有，不在乎天长地久。

9. 在填写个人材料（如档案、履历表）时，你会怎么做：

A. 为包装自己尽量虚构。

B. 在必要时可适当虚构，不必绝对诚信。

C. 自己会如实填写，绝对诚信。

10. 怎样才能提高学生的诚信意识，实现校园诚信呢？

A. 主要靠国家、靠社会，大社会诚信了，校园这个小社会自然也就诚信了。

B. 学校要严把思想教育关，把诚信纳入课堂教学。

C. 学生自身要不断提高对诚信重要性和意义的认识，维护校园诚信。

计分标准：

上述题目1～5题选B得2分，选A得1分，选C得0分；6～10题选C得2分，选B得1分，选A得0分。

测试解析：

0～7分：你的诚信度不算高，假如你还没有真正意识到这一点，则须尽快开始培养诚信品质，从小处、细节入手。

8～15分：你的诚信度还算可以，显得比较有涵养，在许多方面能保持诚信。

16～20分：你是一位诚信度很高的人。你能充分意识到别人面临的困难，理解他们的难处。你可能会遭到别人暂时的不理解，但你仍不会同他们发生争执，你最终会成为许多人喜欢的朋友。

第十二单元 养成友善品格

在本单元你将认识到与人为善是一种高尚的道德情操,是一种温暖人心的力量;善待别人也就是善待自己,学会微笑、学会成人之美将有助于养成友善的品格。扫描右侧二维码,详细了解本单元的主要内容。

单元训练目标

1. 认识友善,坚守友善之初心。
2. 待人友善,践行友善之美德。

第十二单元
授课视频

项目 23　友善是中华民族的传统美德

一、项目案例：友善应是务必坚守的初心

案例 1

将 相 和

廉颇者,赵之良将也。赵惠文王十六年,廉颇为赵将,伐齐,大破之,取阳晋,拜为上卿,以勇气闻于诸侯。蔺相如者,赵人也,为赵宦者令缪贤舍人。

既罢归国,以相如功大,拜为上卿,位在廉颇之右。廉颇曰:"我为赵将,有攻城野战之大功,而蔺相如徒以口舌为劳,而位居我上,且相如素贱人,吾羞,不忍为之下。"宣言曰:"我见相如,必辱之。"相如闻,不肯与会。相如每朝时,常称病,不欲与廉颇争列。已而相如出,望见廉颇,相如引车避匿。于是舍人相与谏曰:"臣所以去亲戚而事君者,徒慕君之高义也。今君与廉颇同列,廉君宣恶言而君畏匿之,恐惧殊甚,且庸人尚羞之,况于将相乎!臣等不肖,请辞去。"蔺相如固止之,曰:"公之视廉将军孰与秦王?"曰:"不若也。"相如曰:"夫以秦王之威,而相如廷叱之,辱其群臣,相如虽驽,独畏廉将军哉?顾吾念之,强秦之所以不敢加兵于赵者,徒以吾两人在也。今两虎共斗,其势不俱生。吾所以为此者,以先国家之急而后私仇也。"廉颇闻之,肉袒负荆,因宾客至蔺相如门谢罪。曰:"鄙贱之人,不知将军宽之至此也。"卒相与欢,为刎颈之交。

(资料来源:《史记》,汉·司马迁,中华书局2022年版,有删减)

案例 2

六尺巷

安徽桐城有一处历史名胜,叫"六尺巷",这里流传着一段化解邻里矛盾的佳话。清朝康熙年间,文华殿大学士张英的家人与邻居叶秀才因墙基起了争执。张家地契上写明"至叶姓墙",所以管家认为按地契可以把墙打到叶家墙根。可是叶秀才认为要留条路供人出入,两家为此就打起了官司。张家的管家写信向张英禀告此事,张英的回信是一首诗:"千里传书只为墙,让他三尺又何妨!万里长城今犹在,不见当年秦始皇!"管家看了这首诗,明白了主人的意思,拆墙后退,让出三尺。叶秀才看到这首诗,十分感动,也把自家的墙拆了,后退三尺,两家之间就形成了一条六尺宽的巷子。从此,"六尺巷"的千古佳话代代流传。

二、项目启示:友善是一种高尚的道德情操

友善是社会主义核心价值观之一,它强调公民之间应互相尊重、互相关心、互相帮助、和睦友好,努力形成社会主义的新型人际关系。它不仅是个体的为人之道和道德修养,也是基于中华民族的生存环境与伦理环境而形成的道德规范,更是中华优秀传统文化的重要范畴。

蔺相如认为将相不和会给秦国可乘之机,为了赵国的利益,他选择友善、团结同僚,廉颇知道真相后负荆请罪,从此两人成为生死之交,共同保卫赵国,他们的故事令人感动。大学士张英的言行也同样告诉我们,胸襟宽广,友善谦退,可消弭人际纷争,使社会充满和谐。

(一)友善的丰富内涵

"友",是一个会意字,作动词时,"友"有结交、互相合作、予人帮助或支持的意思。所

以，"友"并非单指朋友，它具有丰富的内容，也指像朋友一样对人亲近和睦、相互合作、彼此帮助。

"善"也是一个会意字，本义为吉祥。"善"是中国传统的价值评判标准，也是最基本的道德准则，是人类区别于动物的独特品质。蒙学经典《三字经》开篇首句便指出："人之初，性本善。"知耻、不贪、心存怜悯、宽容与谅解等善良的意识和行为是人类能够和谐相处的基础，也是人类社会发展前进的保障。

中华优秀传统文化历来强调"百行德为首，百德善为先"。儒家提出"仁者爱人"，佛家秉持"诸恶莫作，众善奉行"。能够与人和谐相处、对人宽厚、推己及人的人被视为君子。千百年来，"与人为善"的古训家喻户晓，"赠人玫瑰，手有余香"的思想老少皆知。古代贤哲对友善有过许多精辟的论述。孔子提出"君子成人之美，不成人之恶""己所不欲，勿施于人"等观念。孟子提出"老吾老以及人之老，幼吾幼以及人之幼"等主张。《易经》崇尚"地势坤，君子以厚德载物"，认为君子应仿效大地之德，以宽厚的德行承载万物。孟子曰："君子莫大乎与人为善。"认为与人为善是君子最高的德行。孔子的弟子子夏在"泛爱众"的基础上进一步提出："君子敬而无失，与人恭而有礼，四海之内，皆兄弟也。"这更是打破血缘、宗族甚至国与国之间的藩篱，不局限于亲朋好友等小团体，旗帜鲜明地倡导天下成为一家、世人和谐共处的观点。这些都是中华优秀传统文化对仁爱友善的诠释。

友善是人类和谐相处的基础，也是人类社会发展前进的保障。党的十八大明确地把"友善"列为社会主义核心价值观之一。"友善"包含善待亲友、他人、社会、自然等。善待亲人可以使家庭关系和谐；善待朋友，善待他人，可以使人际关系和谐；善待自然可以使生态关系和谐。能否以友善的态度为人处世，不但体现着一个人的道德水平，同时也体现了一个民族素质的高低。

（二）友善的强大力量

友善能使弱者感到力量，使悲哀者感到振奋。在一种和谐与温暖的氛围中，友善者与他人握手漫谈，态度真诚而庄重，声音轻柔，话语中透着人性的关怀和体贴，这是一味地咆哮和猛烈的攻击等强硬行为所望尘莫及的。

生活中，许多人明知彼此都需要友善的温暖、感情的温馨，却又常常用无端的猜疑将满腔的好感冰封在坚硬的面具背后。其实，只要你能真正付出你的爱，那么必定会赢得共鸣，使你从中感受到温馨，并拥有意想不到的收获。试想，如果你对他人没有真诚之心、毫无友善之举，又怎能期望从他人身上得到友善的回馈呢？

有一首诗很好地总结了友善的力量：友善是春天的滴滴雨露，滋润情感中的隙缝；是夏天的一缕清风，吹走人与人的误会；是秋天的落叶，搭建友谊的桥梁；是冬天的一杯热茶，让暖暖的温馨融入心房。

(三) 友善的广泛应用

《朱子家训》云："善欲人见，不是真善。"韦思浩用他的行动诠释了什么是真善。他是一名退休教师，也是杭州图书馆的常客，更是感动过无数国人的"拾荒老人"。因意外离世，他的"秘密"才被世人所知。虽然他每月退休金有5 000元，但他坚持外出捡废旧报刊，原来他一直在资助贫困学生。他去世后大家在收拾遗物时，才发现包裹里有许多捐赠证书和信件。捐赠是从1994年开始的，从最初的300元到后来的3 000元，韦思浩一直用"魏丁兆"这个化名默默地捐资助学。许多学生给他的信件都已经泛黄了，从近处的浙江景宁，远到黑龙江孙吴，到处都有他捐助的学生。他的铜像就立杭州图书馆内。设计这座铜像的中国工艺美术大师朱炳仁说："雕像采用简单硬朗的线条来体现老人一种内在的精神力量，有棱有角的雕刻体现了老人的性格，用雕像的语言来讲述这位老人平凡却动人的故事。"

海子在他的诗里说："从明天起，做一个幸福的人……陌生人，我也为你祝福；愿你有一个灿烂的前程；愿你有情人终成眷属；愿你在尘世获得幸福；我只愿面朝大海，春暖花开。"给迷路的异乡人指路，公共汽车上的一次让座，一份真诚的微笑，认真倾听一个失落的人细语诉说……这些看似不经意的举动，都充满了友善的影子，是爱的灵魂折射出来的人格光芒。

生活是一面镜子。当你面带友善走向镜子时，你会发现，镜中的那个人也正满怀善意地向你微笑；当你以粗暴的态度面对它时，你会发现，镜中的那人也正向你挥舞拳头。

人生在世，每个人都可能说许许多多的"对不起"：不小心挡了别人的路，不小心溅了别人一身泥，不小心伤害了别人的自尊心，不经意间做了伤害别人感情、损害别人利益的事……此时此刻，尤其需要友善。无意中伤害了别人，要以友善的态度，改正错误，真诚地赔礼道歉，以真诚的态度得到别人的谅解和信任。

友善是沟通心灵的桥梁，是连接情感的纽带，是保障和谐的基石；凭借友善，干戈可化玉帛；依靠友善，积怨能成亲情。法国文学大师雨果曾经说过这样一句话："世界上最宽阔的是海洋，比海洋更宽阔的是天空，比天空更宽阔的是人的胸怀。"所以说，友善是博大的，能包容人世间的喜怒哀乐；友善是一种境界，能使人跃上新的台阶。我们生存的这个世界，是由矛盾组成的，任何人和事都不是尽善尽美的，我们要学会用友善的眼光看待世界。

三、项目训练：理解友善内涵，践行友善之举

训练内容：

以友善为主题，搜集素材，分组自行设计情境，向全班表演。

训练目的：

1. 理解友善的内涵。

2. 谈谈哪些行为是友善之举。

训练要求：

1. 按学习小组，以友善为主题设计情境，每组选几名同学上台表演，时间5分钟。

2. 情境的设计要主题鲜明，故事情节要完整。

3. 表演结束后，各组长介绍本组设计思路和表演特点，各组相互点评，教师打分。

项目 24 友善待人，始于心，践于行

一、项目案例：与人为善，从身边的小事做起

案例 1

盛满爱心的午餐

下课铃响了，小朋友们欣喜若狂地拿出饭盒，准备美美地饱餐一顿时，一名小男孩脸上却写满了忧愁。他很清楚，他的饭盒里空无一物。尴尬难过的他举起手，假装要去上厕所。他走出教室，慢慢穿过安静的走廊，来到饮水机旁，大口大口地喝水，喝完又在窗边站了一会。想着同学们差不多吃完，小男孩回到教室，准备收起空饭盒。可当发觉异样的他打开饭盒，惊喜地发现里面装满了食物。他疑惑地环顾四周，同学们都装作什么也没有发生，也没有人特意过来跟他解释什么。贫穷的小男孩为了掩人耳目，每天带着空饭盒，看在眼里的小朋友们看破不说破。在小男孩走后，偷偷地在他饭盒里塞满了食物，给了他最有尊严的援助……看到饭盒里满满的午餐，愁眉苦脸的小男孩终于露出了笑脸。

案例 2

另 一 只 鞋

一个男孩拖着一只鞋走到一座车站边停了下来,想要修好坏掉的鞋。男孩抬头看了一眼,无意间看到了一只崭新的皮鞋,也许这只鞋的主人太喜欢自己的鞋了,把鞋擦得像新的一样。这时,男孩看到在一列已经开动的火车上,掉了一只鞋子的人非常着急。小男孩第一次亲手触碰这样的新鞋,当他双手拿起鞋子时,神情庄重严肃,仿佛捧着一个宝物。小男孩打量着鞋子,他微微摇了摇头,看了看已经开动的火车,抿了抿嘴,毅然跑了出去,光着一只脚去追火车。直到精疲力尽,还试着将鞋子扔出去,万一鞋的主人接到了呢。可是,没有。鞋子掉在地上,没能被火车上的主人接到,男孩沮丧得直跺脚。火车上焦急等着自己鞋子的人看到后,却抬起自己的另一只脚,将另一只崭新的皮鞋脱下并扔下火车,然后微笑着跟小男孩挥手。小男孩将两只新鞋捡起来放在一起,开心地笑着,抬头向着火车挥手,仿佛跟玩了很久的朋友告别。

二、项目启示:表达友善,需要善良,更需要尊重和方法

在工作和生活中人们总是会遇到这样或那样的困难和问题,雪中送炭的善举比锦上添花的关爱更令人心生感念、刻骨铭心。《礼记·檀弓下》记录着这样一个故事。有一年,齐国出现了严重的饥荒,黔敖在路边准备好饭食,以供饥饿的路人来吃。有个饥饿的人用衣袖蒙着脸,脚步拖拉,两眼昏昏无神地走过来。黔敖左手端着食物,右手端着汤,说道:"喂!来吃吧!"那个饥民抬起头看着他,说:"我正因为不吃别人施舍的食物,才落得这个地步!"黔敖追上前去向他道歉,但那饥民仍然不吃,最终饿死了。这个故事告诉我们表

第十二单元　养成友善品格

达善意,需要有爱,更需要尊重和方法。正如明末清初理学家朱柏庐所说:"善欲人见,不是真善;恶恐人知,便是大恶。"

我们有理由坚信盛满爱心的午餐带给小男孩的温暖和力量,定能够支撑着小男孩走得更高更远。同样,《另一只鞋》这个故事也掷地有声地告诉我们,真正的友善是即使是我非常需要的东西,但它不是我的,我不会占为己有;即使非常珍惜,无法拥有时善意地放手便是最好的成全。友善面对他人和自己,与人为善、自律、自省、追求和谐与美好,是一种大境界,是一种积极且有意义的行为。践行友善,要从心开始、从身边的小事做起。

(一) 与人为善,微笑待人

有位诗人讲:"我最喜欢的一朵花是开在别人脸上的。"微笑是开放在人们脸上的花朵,微笑是升腾在人们心中的太阳,是一份献给渴望爱的人们的珍贵礼物(图12-1)。当你把它献给别人的时候,你收获的,除了友谊还有财富。

与人为善意味着我们要从微笑做起,微笑是友善的最佳代言人。微笑,是人类最美好的表情。一位心理学家做过一个微笑实验,要求参加者每天必须对人微笑。一个月后有人感谢地说:"我每天坚持这样做。刚开始,大家觉得奇怪,后来习惯了。这个月我从中获得的快乐比过去一年都要多。"

图12-1　微笑

微笑在人际交往中有巨大的作用,原因在于这微笑背后表达的信息是:你很受欢迎,我喜欢你,你令我开心,我很高兴看到你。试问,谁不喜欢这样的信息?

世界有名的希尔顿大酒店,其创始人是希尔顿先生,他的成功,也源于他母亲的"微笑"教育。他母亲曾经对他讲:"孩子,如果想要成功,就必须找到一种方法,符合以下四个条件:第一,要简单;第二,要容易做;第三,要不花本钱;第四,能长期运用。"究竟是什么方法?母亲笑而不语。希尔顿再三观察、思考,忽然找到了:是微笑,唯有微笑才能满足这四个条件。后来,他果然用微笑闯进了成功之门,将酒店开到了全世界各大城市。

希尔顿的故事告诉我们:善意的微笑不必花钱,却价值连城。每天上班前对家人的微笑,他们会在幸福中盼着你归来;上班时对着门卫微笑点个头,他们会友善地还你一个欣赏与尊敬的微笑;每天看到同事主动微笑,打个招呼,你的受欢迎程度会大大提升。

当今社会,竞争愈来愈激烈,生活节奏越来越快,人们只顾着忙自己的事情,已经很少关心别人了。这种情况下,人们内心深处更需要别人的理解与关怀,此时,给他们一声问候、一个微笑、一个关心,满足了他们情感上的需要,他们则会用热情来回报你。

可见,微笑包含着丰富的内涵。朋友在一起时的自然微笑,是愉悦心情的流露;而朋友分离时送上一个依恋不舍的微笑,蕴含了言之不尽的美好祝福和无限的牵挂。陌生人在相见时微微一笑,可以减少隔阂、增加信任、放松气氛,临时打造一座沟通的桥梁。因此,一个不吝啬微笑的人,对他微笑的人也会更多。所以说,带着微笑出行的人不会感到孤独,带着微笑工作的人不会感到烦闷,带着微笑回家的人不会感到冷清。与人为善,对遇见的每个人微笑是我们开始践行友善的第一步。

(二)友爱友善,关照他人

践行友善,首先需要提升自身的道德修养。因为友善的行为是我们内在的友爱和善念的外化。一个内心阴暗的人是不会有和善的态度和友爱的精神的。友善地对待他人、对待社会、对待自然,根源在于善良的内心和较高的素养。

如何能做到友善呢?首先要有仁爱之心,以此作为友善的内在根基。只有内心有爱,才能真诚地给人提供帮助。因此,友善的动力来自内心的仁爱。子曰:"仁者爱人。"只有自己内心有仁爱之心,才能够把这种爱传递给他人。

其次是我们要能够从心里尊重每个人,平等对待每个人。我们降临到这个世界上,"人"是我们的首要身份,这个身份对于每个人都是同等的,我们需要尊重他人的存在和他人的选择,将心比心,做到"老吾老以及人之老,幼吾幼以及人之幼"。我们要学会换位思考,想想如果你遭遇到同样的情况,你希望别人怎么想、怎么做,这样你就能够理解他人,从而减少对他人的误解,减少矛盾。

最后,还要做到"己所不欲,勿施于人"。

有了这三条,我们就能够做到对人一视同仁,这是友善的理想境界。

(三)高风亮节,宽容大度

有些人遇事太较真,不管对什么都看不惯,身边的人没有一个能容得下,不能与人为善,这无异于孤立自己,远离集体,会造成与集体格格不入的尴尬局面。

做人固然不应玩世不恭、游戏人生,却也不能太较真、认死理。在高倍放大镜下看一面很平的镜子,也会看到凹凸不平;肉眼看着很干净的东西,拿到显微镜下看,也有很多细菌。试想,假如我们拿着放大镜对待生活,恐怕连饭也不敢吃了。

人非圣贤,孰能无过。因此,与人相处就应该相互体谅、相互理解,得饶人处且饶人。与人相处时只要我们遵循求大同、存小异的心态,有肚量、能容人,便会有越来越多的朋友,做事也会左右逢源,诸事遂愿;相反,假如我们凡事"明察秋毫",眼里揉不得沙子,不管什么鸡毛蒜皮的小事都要讲个是非曲直,容不得人,别人也会远远地躲着自己。最后,我们只有落得个关起门来"称孤道寡",变成让人避之唯恐不及的怪人。

生活中,与人为善,能以律人之心律己,不去苛求任何人,不较真,就是一种宽容。宽容并不是胆小无能的代名词,宽容是一种修养,是一种品质;宽容是一种伟大的人格,更是一种崇高的美德。做人不必太较真,宽容他人,也是宽容自己。人生如此短暂匆忙,我们没有必要把自己的精力用在一些毫无意义的琐事上。

(四)谦恭和善,成人之美

孔子曰:"君子成人之美。"这是孔子所提倡的一条关键的为人准则。人皆有美丑善恶,完人自古未有。假若紧紧抓住他人的缺点不放,只会让人际关系恶化。从某种意义上讲,成人之美体现了一个人高度的道德修养。尤其是对那些不仁之人,孔子仍主张不应记恨太甚。"人而不仁,疾之已甚,乱也!"(《论语·泰伯篇》)我们面对的即便是不仁之人,也应把握分寸,不讲一时之怨,也应试着先感化对方。化干戈为玉帛,不失为一种气度,一种胸怀,一种君子风范。

大家知道，首次登陆月球的太空人，其实共有两位，除去大家所熟知的阿姆斯特朗之外，还有一位叫奥尔德林。当时阿姆斯特朗讲过的一句话："我个人的一小步，是全人类的一大步。"这早已是全球家喻户晓的名言。在庆祝月球登陆成功的记者会上，有个记者突然问奥尔德林一个十分特别的问题："让阿姆斯特朗先下去，成为登陆月球的第一人，你会不会感觉有点遗憾？"在全场有点尴尬的注目下，奥尔德林十分有风度地答道："各位，千万别忘了，回到地球时，我是最先出太空舱的。"他环顾四周又笑着讲："因此，我是由别的星球来到地球的第一人。"所有人在笑声中都给了他最热烈的掌声。

奥尔德林用成人之美的善念化解了尴尬，同时也真诚地分享了朋友的快乐。所以，只要是美的，不论大美小美都应接纳。孔子就是用这种乐善好施、与人为善的亲和力，去感召所有人，去组建他所追求的人与人之间真善美的理想关系。人与人之间的和睦相处，是每个时代都致力追求的。

其实，成人之美很简单。我们在生活中能做到"勿以善小而不为"就可以了。不要因为同学不小心弄脏了你的新衣服而生气，不要因为食堂排队人多而选择插队，给公交上的老人小孩让个座位，给擦肩而过的路人一抹微笑，给不小心做错事的朋友一次改过的机会，在图书馆自觉把手机调成静音……成人之美，我们能做的还有很多。

友善是社会主义核心价值观之一。作为一名大学生，友善不仅是我们要遵守的基本道德行为规范，而且也是决定大学生成才、成功的关键因素。因此，每个公民都应从自己做起、从小事做起，以友善的态度与家人、朋友、同事相处，让我们的工作和生活充满友善，让世界因友善更精彩。

三、项目训练：以实际行动践行友善价值观

训练内容：

参加一次公益志愿者活动。

第十二单元　养成友善品格

训练目的：

弘扬志愿者精神,传承友善之风。通过帮助他人,锻炼自身,不断提高自身的社会责任感和实践能力。

训练要求：

1. 按学习小组,组织践行不同主题的友善活动。
2. 活动结束后,各组长分享心得体会。

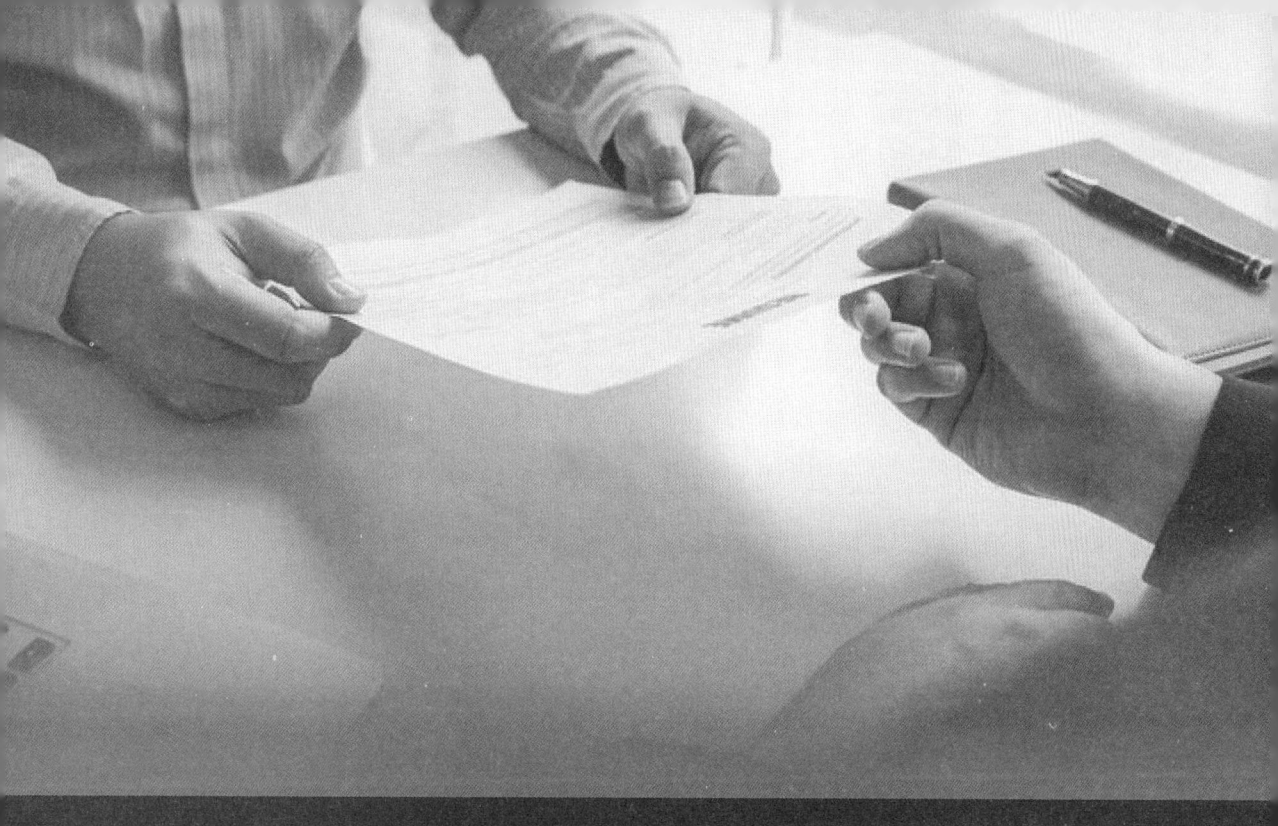

第十三单元 增强法律意识

在本单元的学习中,你将了解作为职业人需要具备的法律意识,你将认识到"互联网不是法外之地",同时,也将清楚地认识学习和运用法律维护自身的权益、科学合理合法地为自己的职业生涯发展保驾护航是非常重要的。

单元训练目标

1. 弘扬法治精神,共建文明校园。
2. 点亮法治灯塔,成长与法同行。

第十三单元
授课视频

项目 25 互联网不是法外之地

一、项目案例：网络不是法外之地，散布谣言小心入刑

案例 1

现实版《少年的你》

2019年上映的电影《少年的你》中有这样一个情节：一名13岁的初中女生被"网络水军"发文辱骂为"渣女"。这些不法分子还以"有偿删帖"为名对该女生进行敲诈勒索，致其身心受创。

现实生活中，13岁的佳佳（化名）是深圳市一名刚上初中的女学生。因和同学发生误会，佳佳被污蔑、辱骂为"交往多名男友的'渣女'"。这些内容突然出现在多个微信公众号上，并在同学间迅速传播，令佳佳痛苦不堪。经警方调查，发布这些不实文章的微信公众号与深圳某文化传媒有限公司、长沙某文化传媒有限公司有关。这两家公司均为文某某开设。2020年底，文某某被法院以敲诈勒索罪判处有期徒刑10个月，另外两名团伙成员也分别被法院判处有期徒刑7个月。

案例 2

组织网赌诱导充值　共同犯罪全员获刑

2019年2月,李某伙同徐某、吴某、杨某建立"时时彩"赌博网站,借赌博名义骗取被害人钱财。其中,李某负责找人建立网站、修改网站后台数据、提供收款账户、取款。徐某、吴某负责在网上发布广告,拉被害人进QQ群,发布虚假信息,向被害人宣传"跟随操作团队能增加中奖概率",诱导被害人充值。待被害人充值后,由李某修改网站后台信息造成被害人中奖的假象,并编造被害人中奖后需要缴纳手续费、保证金才能提现等虚假理由,使被害人继续转账至李某提供的账户,后徐某、吴某与李某对接取款。杨某在明知李某等人骗取他人钱财的情况下,提供银行卡账号并协助李某取钱,通过上述方式诈骗3名被害人共计人民币约13万元。

泰州市海陵区人民法院认为,被告人李某、徐某、吴某、杨某以非法占有为目的,虚构事实,骗取他人财物,数额巨大或者较大,其行为均已构成诈骗罪,且系共同犯罪,均应依法予以惩处。结合各被告人的犯罪情节、悔罪表现等,分别判处几名被告人有期徒刑四年三个月至拘役三个月十五日不等的刑罚。

二、项目启示:以案为鉴,牢记教训

虚拟的网络空间,让全世界紧密相连。因为互联网,世界各国人民视野更加开阔,信息充分传递,交流日益深入,生活更加丰富。习近平总书记在第二届世界互联网大会开幕式上发表主旨演讲时指出,"每一次产业技术革命,都给人类生产生活带来巨大而深刻的影响。现在,以互联网为代表的信息技术日新月异,引领了社会生产新变革,创造了人类生活新空间,拓展了国家治理新领域,极大提高了人类认识世界、改造世界的能力"。互联网让世界变成了"鸡犬之声相闻"的地球村,相隔万里的人们不再"老死不相往来"。

可以说,世界因互联网而更多彩,生活因互联网而更丰富。网络空间是虚拟的,但运用网络空间的主体是现实的,大家都应该遵守法律,明确各方的权利和义务。要坚持依法治网、依法办网、依法上网,让互联网在法治轨道上健康运行。作为青年大学生,我们在使用网络的过程中应该如何做到安全、健康、文明地使用网络呢?

(一)拒绝网络暴力,坚守指尖文明

青年大学生要清楚地认识网络暴力行为是社会暴力在网络上的延伸,是一种依托虚拟平台,兼具实在暴力因素的网络失范行为。其主要实施手段包括肆意辱骂、散布谣言、人肉搜索等。青年学生要文明使用网络,要主动拒绝网络暴力行为,在网络上进行社交通信、交易消费、视听娱乐,以及创新创业等社会行为时都必须遵守法律法规,不得侵害别人的权利,更不能损害公共利益和危害国家安全。

(二)拒绝沉迷网络,维护身心健康

网络成为人们生活不可或缺的重要工具,渗透到生产和生活的各个领域,部分学生沉迷其中,乐此不疲。学生沉迷于网络,如频繁玩手机,不仅对生长发育不利,甚至会引发多种疾病(如运动功能低下、脊椎变形、视力障碍)。自控能力差的同学沉溺于网络,不能自拔,花费大量时间上网,使学习成绩直线下滑。有的同学甚至出现网赌、网恋等行为,盲目攀比,不择手段地获取金钱;被不良网络信息影响;产生社交障碍,患上孤独症、焦虑症。因此,青年大学生要认真做好学习规划,科学合理地用好网络工具,积极参与自己感兴趣的活动,融入现实的人际交往。当出现沉迷网络的倾向时,要及时醒悟,提醒自己转移对网络的注意力。

(三)加强网络安全学习,提升自我保护意识

青年大学生是新时代网络主力军,要主动加强对《中华人民共和国个人信息保护法》等法律法规的学习。当发现别人或自身遭遇网络暴力行为时,要保持冷静,在保留证据后,可以找到平台的运营商,要求其删除"网暴"相关信息,同时也要保留与平台沟通的

记录。当网络暴力上升到危害现实的人身安全，或者是局面已经无法控制时，可以收集证据，并到公安机关的网警支队进行报案。在这之前，也可以拨打互联网违法和不良信息举报电话12377进行举报。同时，要切实做好个人信息保护，依法依规采取对个人权益影响最小的方式同违法犯罪行为做斗争，努力做诚实守信、健康文明的网络公民。

（四）《"抵制网络谣言 共建网络文明"倡议书》

为倡导全社会共管共治网络谣言，共建共享网络文明，中央网信办违法和不良信息举报中心、中国文明网、中国互联网发展基金会、中国互联网联合辟谣平台，于2021年9月1日，联合发布《"抵制网络谣言 共建网络文明"倡议书》。该倡议书提出了如下四点倡议。

1. 严守传播秩序。互联网不是法外之地，严格遵守法律法规、社会公德和伦理道德，坚决杜绝造谣传谣等违法违规行为，自觉抵制网络谣言和各类有害信息，绝不让互联网成为传播有害信息、造谣生事的平台。

2. 完善治谣格局。加强对危害国家安全、扰乱社会秩序、损害群众权益、误导公共舆论等谣言的依法治理，强化平台主体责任，斩断谣言滋生传播链条，清除网络谣言"毒瘤"，营造风清气正的网络空间，形成多主体参与、多手段结合的网络谣言综合治理格局。

3. 辟除网络谣言。团结动员各方面力量对网络谣言及时发现、快速举报、协同查证、联动辟除，以权威辟谣澄清谬误、正本清源，让虚假信息人人喊打，让网络谣言无处遁形，协力筑牢抵制网络谣言传播的坚固长城。

4. 共建网络文明。坚持正确政治方向、舆论导向、价值取向，提升网民媒介素养、科学精神和法治意识，增强辨别是非、抵御网络谣言的能力，不信谣、不传谣，大力弘扬社会主义核心价值观，共同培育积极健康、向上向善的网络文化。

（五）中央网信办违法和不良信息中心《举报指南》

1. 举报主体

举报中心欢迎公民、法人或其他组织参与互联网违法和不良信息举报监督。

2. 互联网违法和不良信息主要包括

（1）危害国家安全、荣誉和利益的；

（2）煽动颠覆国家政权、推翻社会主义制度的；

（3）煽动分裂国家、破坏国家统一的；

（4）宣扬恐怖主义、极端主义的；

（5）宣扬民族仇恨、民族歧视的；

（6）传播暴力、淫秽色情信息的；

（7）编造、传播虚假信息扰乱经济秩序和社会秩序的；

（8）侵害他人名誉、隐私等合法权益的；

（9）互联网相关法律法规禁止的其他内容。

3. 举报方式

（1）登录举报中心官网 https://www.12377.cn 举报；

（2）下载安装"网络举报"客户端举报；

（3）关注举报中心官方微博"国家网信办举报中心"，点击"私信举报"；

（4）关注举报中心官方微信公众账号"国家网信办举报中心"，点击"一键举报"；

（5）拨打12377举报热线举报；

（6）发送邮件至邮箱 jubao@12377.cn 举报。

4. 举报材料及要件

举报互联网违法和不良信息时，举报主体应提供与网络举报事项相应的信息网址或者足以准确定位举报信息的相关说明、样本截图等举报基本材料，以及相关证明证据材料等举报要件。

5. 举报协助处置

举报主体在网上成功提交举报信息后，将收到一个查询码，通过查询码，可以确认举报的信息已收到。举报中心受理的举报，将依据相关规定转交各地网信部门、相关网站或相关部门依法依规研处。

6. 注意事项

（1）举报主体应根据举报信息所属类别，选择相应类别的举报入口提交举报。若选择类别错误，所提交的举报可能无效。

（2）举报主体无需重复提交举报内容。为保障举报主体的合法权益，限制恶意重复举报，提高网上举报的运行效益，每位举报主体24小时内原则上最多举报30次，超过30次将无法举报成功。

（3）网络侵权信息举报请通过"侵权类"举报入口提交，举报人须实名举报。

（4）有待查证辟谣的网络谣言线索，请提交至"中国互联网联合辟谣平台"。

（5）举报主体应对举报事项的客观性、真实性负责。对于借举报故意捏造事实、诬告陷害，伪造举报证据的，或以举报为名制造事端，干扰国家机关正常工作的，将依法承担相应的法律责任。

三、项目训练：做文明诚信的网络公民

训练内容：
列举并分析自己生活当中发生的网贷、网赌、网恋和传销的"三网一传"案例。

训练目的：
1. 找准列举案例当中违法和不良信息分类。
2. 分析案例当中的个人和组织的违法行为。
3. 准确应用法律条款来保护个人权益。

训练要求：
1. 通过网络工具深入了解现实生活当中的各类网络犯罪行为。
2. 了解在求职过程中保护个人信息等权益的方法。
3. 分小组进行身边案例分析和警示。
4. 由教师和各小组组长对各组案例警示进行打分汇总，并进行总结陈述。

项目 26　坚决遏制电信网络诈骗犯罪

一、项目案例：诈骗层出不穷　陷阱不得不防

案例 1

几次转账，竟让自己成了"诈骗犯罪同伙"

2022 年 1 月，某校 2021 级学生张某在朋友谢某的介绍下，用自己的银行卡帮他人过账。

介绍人谢某知道该资金系网络诈骗所得。他告诉张某只需要用自己的一张银行卡过账五万元，就可以获得 550 元的劳务费。张某先后用自己的银行卡过账四次共计人民币五万余元。

2022 年 3 月，警察联系该校保卫处将张某带到派出所协助调查。最终，张某因涉嫌掩饰、隐瞒犯罪所得罪，被公安局取保候审。

2022 年 6 月，经人民法院公开审理，张某因犯掩饰、隐瞒犯罪所得罪，被判处有期徒刑一年，缓刑两年，并处罚金人民币八千元。同时，依据学校相关规定，予以张某同学开除学籍处分。谢某因犯掩饰、隐瞒犯罪所得罪，被判处有期徒刑三年，缓刑三年，并处罚金人民币四万元。

项目 26
微视频

案例 2

日结兼职，竟成"诈骗嫌疑人"

赵某、李某，均为重庆市某高校大二学生。某日，二人因当天没有课程安排，便外出做兼职，当晚未归寝，同寝室同学为其隐瞒未归寝的事实，上报网格管理员"寝室人员已全部到齐"，导致辅导员未在第一时间得知二人真实情况。之后，二人一直未上课，电话也联系不上，辅导员多方寻找未果，室友才告知，二人外出做兼职了，且行踪未知。于是辅导员报警，后经警方调查核实，二人参与的兼职因涉嫌诈骗刑事案件，已于当天被警方传唤至河南配合调查。其实，在二人刚兼职时，公司就对他们进行了电话营销的话术培训，二人曾想过此行为是电话诈骗，但她们为了挣钱，没有多想，选择留下继续工作，直至被河南警方传唤，才后悔不已。

二、项目启示：加强学习提升，防范电信诈骗

上述案例均为电信诈骗的案例。电信诈骗是指通过电话、网络或短信方式，编造虚假信息，设置骗局，对受害人实施远程、非接触式诈骗，诱使受害人打款或转账的犯罪行为。

当前，高校就业陷阱主要存在以下五个方面。一是"黑中介"，非法机构以介绍工作为名，向求职者收取高额中介费，却找借口拖延或直接不履行合同。二是"乱收费"，一些用人单位或中介机构以用工为名收取报名费、体检费、培训费、押金、服装费等，再以各种理由拒绝毕业生入职或中途将其辞退。三是"培训贷"，某些机构以高薪就业为诱饵，向毕业生承诺培训后包就业，但须借贷支付培训费。四是"付费实习"，某些机构向毕业生承诺提供高薪行业实习岗位，但毕业生须缴纳相关服务费用。五是"非法传销"，组织者通过发展人员，以要求其购买商品等方式，牟取非法利益。

近年来,高校大学生电信诈骗案件频发,诈骗方式涉及交友、购物、兼职、考试、社会实践等多方面,造成了大量学生泥足深陷,损失惨重。传统的电信诈骗,如冒充熟人、谎称彩票中奖等,比较容易分辨,但大多不会以公司的名义出现。而当的诈骗陷阱多是一些披着"合法"外衣的"公司",有着较强的隐蔽性,让人难以分辨。如果公司从事电信诈骗活动,在其中担任客服、财会等职务,对上述情况知情的,也有可能构成共同犯罪。作为大学生,我们应该如何应对呢?

(一)加强安全意识,提高防范技能

不法分子往往利用学生涉世不深、风险意识不强的弱点,或设下"陷阱"引君入瓮诈骗钱财,或以低门槛高回报的工作岗位诱骗学生上岗为自己牟利。大学生应加强思想道德修养,提高辨别是非的能力,增强自身的安全防范意识。一方面,要树立正确的价值观和金钱观,不要有"贪图便宜""一夜暴富""天上掉馅饼"的心理,注意保护个人信息资料,不要随意注册、填写自己的身份证号码、手机号码、住址、银行卡号等私人信息,对不清楚的事宜要及时向老师沟通咨询,确保自己不上当受骗。另一方面,在选择兼职工作时要提高分辨能力,入职前要注意查明公司有无合法的营业执照,经营范围是否与证照相符,经营行为是否合法,切勿有贪图高额收入的侥幸心理,避免受到诈骗分子的利用,在无意之中成为诈骗分子的"帮凶"。

(二)提升责任意识,积蓄集体能量

大学宿舍是一个小集体,成员之间的相互关心、相互帮助、相互监督能够凝聚成一股集体正能量,让大家体会到集体的温暖,共同解决成长过程中的问题和困惑。同学们在寻找兼职时,可以与室友商量,集众人的智慧,能够在一定程度上帮助自己辨别兼职工作的合法性。在外出时,也应该跟室友交代清楚去向:去何处、做什么、预计返回时间,这样当出现问题时,室友能够第一时间向学校反映。同时,室友帮忙撒谎隐瞒、躲避学校查寝的行为是极其错误和不负责任的。作为室友应该主动关心室友的兼职情况,当发现较晚还未返回寝室时,应第一时间告知老师,协助寻找。

（三）明确就业方向，严密筛查求职信息

作为青年大学生，要综合分析自身学情、家庭经济、求职意向、职业发展方向等众多因素，在努力完成学业的同时，要坚持周期性地分析总结就业信息，不断完善职业发展规划，积极摆正求职心态，明确优劣势。大学生要充分利用在校学习时间，认真收集学校、政府、企业发布的求职信息，及时对自己和行业有清晰的判断；要注重对个人隐私的保护，针对填写个人敏感信息，索要、扣留证明原件等行为一定要谨慎考虑，避免个人信息被不法分子获取；此外，求职过程中要主动学习以《中华人民共和国民法典》为主的法律法规，了解相关政策，不轻信无任何要求且薪资待遇异常高的招聘信息，拒绝支付入职前要求缴纳的各种非法费用，不给不法分子可乘之机。

三、项目训练：科学合理规避电信诈骗

训练内容：
找出自己生活中遇到的电信诈骗案例。

训练目的：
1. 深刻认识电信诈骗的严重危害性。
2. 准确识别学习生活当中可能存在的电信诈骗苗头。
3. 科学合理地运用法律武器，为自己的职业发展保驾护航。

训练要求：
1. 通过国家大学生就业服务平台、高校人才网等正规途径获取就业信息。
2. 了解当前高校毕业生求职期间可能存在的陷阱。
3. 增强求职过程中识别风险和避免"踩坑"的意识和能力。
4. 学好用好《中华人民共和国民法典》。

第十四单元 坚守安全底线

在本单元你将了解到安全对个人和集体的重要性。通过学习，进一步明确"自己是健康安全的第一责任人"的客观事实，在学习工作中做好个人安全保护和健康守护。除了个人安全，在当前信息化时代背景下，信息数据安全同样面临诸多挑战，树立数据安全、信息安全意识同样是当代大学生需要掌握和具备的基本素养。

单元训练目标

1. 养成良好生活习惯，护航个人健康安全。
2. 掌握网络运维常识，保护信息数据安全。

第十四单元
授课视频

项目 27　自己是健康安全的第一责任人

一、项目案例：让健康知识深入人心，让安全思维走进生活

案例 1

生命，难以重演

发生在门卫王师傅身上的事令人们扼腕叹息。那日下午5点左右，值班员程某巡岗，发现单位东边的电动门敞开，可是无论他打值班室电话，还是打王师傅手机，或大声呼喊，均未得到王师傅的回应。在平时根本不可能发生这样的事，他一想，不好，可能王师傅出事了。于是他来到值班室，发现王师傅倒地不醒。他一边采取简单的急救措施，一边拨打120。下午5点32分，120救护车到达现场。经急救医生诊断，王师傅已经死亡，死因为卒中，即我们通常所说的中风。

为什么平时身体还算健朗的王师傅会发生这样的事情呢？淡薄的健康意识，不良的生活习惯，贫乏的健康知识，这些都给悲剧的发生埋下了严重的隐患！

淡薄的健康意识。事后在单位指定的体检中心未查询到王师傅的任何健康体检的信息，说明王师傅近年来从未参加过单位组织的职工健康体检。通过王师傅的妻子得知，王师傅经常"头痛、头晕"，自认为是血压高，自己买了些药服用，从未正规就医。而且他服药也都是"临时抱佛脚"，只有有症状时才吃药，无症状时便不吃药了。因他从未测量过血压，吃药后血压控制得如何，也不得而知。

不良的生活习惯。王师傅身高约180厘米,体重约95千克,体重严重超标。平时饮食喜荤多油,特别喜欢红烧肘子,少素食,基本不吃水果。而且他好烟酒,一天一般能抽20支,休班在家的时候三顿饭都要喝自己泡的药酒。王师傅也不爱运动,在休班期间也很少运动,大部分时间都在上网。

贫乏的健康知识。据王师傅的同事谢师傅描述,在3月22日下午1点左右两人交接班时,王师傅自述有头晕及视物重影的症状,但并未主动求医。他不知道头晕、视物模糊有可能是卒中的前兆,如果王师傅对此有所了解,也许就能避免悲剧的发生。其实王师傅身体的一些指标早就有些不正常。前些年,他曾因"腰椎病"住院治疗,其血液检查中空腹血糖、总胆固醇、尿酸、低密度脂蛋白等项均严重超标。但王师傅认为自己除"腰椎病"外,身体特棒,完全没有认识到这些严重隐患将有可能给自己带来什么。

如果王师傅不逃避体检,按时参加单位组织的健康体检,那么他一定会接收到健康预警。按照维护工作流程疾控工作人员会对王师傅跟踪督促随访并告诉他:第一,一定要坚持血压自检自测,按照医嘱规范用药;第二,要合理膳食,保持营养素的平衡,提倡"谷类为主,粗细搭配;多吃蔬菜水果,要减少烹调油用量,吃清淡少盐膳食";第三,要戒烟酒。吸烟饮酒都是脑血管疾病发生的直接因素;第四,坚持中等强度的有氧运动,这有利于增进心肺功能、肌肉和骨骼健康,促进胃肠功能,减少慢性病的发生风险。

上述健康的生活方式,如果王师傅提早学会并执行,也许悲剧将不会发生。健康是自己的,同时也是家人和社会的。我们一定要重视自己的健康,身体健康是1,家庭、财富、事业、地位等都是0,没有1,再多的0也没有意义。

案例 2

别让安全意识"打了盹"

2021年4月,张某、周某以每天200元的劳务报酬雇佣王某在伐木现场从事杂工。5月7日,王某在伐木现场施工过程中,被砍伐树木时落下的树枝砸伤左手。3天后,王某前往医院就医。经医生诊断,王某左侧尺骨骨折、左侧下尺桡关节半脱位、左腕关节软组织挫伤。王某接受了手术并在住院半个月后出院。经鉴定,王某所受损伤程度为轻伤二级,需误工休息180日,护理60日,后期还需进一步治疗。王某受伤后,雇主张某、周某仅承担了部分医疗费用,其他损失均未赔偿。为此,王某诉至区法院,要求张某、周某赔偿医疗费、误工费、护理费等共10万余元。

区法院经审理,确认王某因涉案事故所造成的经济损失共6.25万元,根据《中华人民共和国民法典》第一千一百九十二条第一款之规定,"个人之间形成劳务关系,提供劳务一方因劳务造成他人损害的,由接受劳务一方承担侵权责任。接受劳务一方承担侵权责任后,可以向有故意或者重大过失的提供劳务一方追偿。提供劳务一方因劳务受到损害的,根据双方各自的过错承担相应的责任",最终判决张某、周某对王某所受损失承担60%的赔偿责任,扣除已支付的1.2万元,还需向王某赔偿2.55万元,王某自行承担剩余40%的损失。

区法院认为,张某、周某作为伐木作业组织者,应当为案涉伐木作业的安全负总责,但二人却没有履行好安全生产责任,仅口头告诫王某注意安全,未提供安全防护用具和安全防护服装,同时未对施工现场的安全生产进行严格管理。王某作为完全民事行为能力人,在提供劳务的过程中应具备必要的自我保护意识,以防止损害的发生或扩大,但其在案涉伐木作业中疏于防范可预见的风险,未尽到对自身安全的注意义务,也未及时就医,而是在事故发生3天后才前往医院治疗。故王某作为提供劳务的一方,对涉案人身损害事故的发生和损害后果的扩大有过错。法官综合考虑具体案件事实、受害者的损失及双方当事人的过错程度,因此做出了前述判决。

二、项目启示：拥有健康安全，方能决胜千里

人们常把健康比作1，把事业、家庭、名誉、财富等比作1后面的0，人生圆满全系于1的稳固。对于一个人而言，健康和安全意味着生命；对于一个家庭而言，健康和安全意味着幸福；对于一个企业而言，健康和安全意味着发展；对于一个国家而言，健康和安全意味着强大。健康和安全是我们美好生活的重要基石，无论是学习、工作还是生活，我们都需要学会对自己负责，珍惜、珍爱生命安全和身体健康。

（一）做好个人健康第一责任人

健康是一种需求，也是一种责任，每个人都是自身健康的第一责任人。《国务院关于实施健康中国行动的意见》中明确提出："倡导每个人是自己健康第一责任人的理念。"随后，这一理念被正式写入《中华人民共和国基本医疗卫生与健康促进法》。在日常生活中，我们应怎样做好自己健康第一责任人呢？

1. 树立健康第一的理念。人们常说，身体是革命的本钱，没有好的身体什么也谈不上。健康是我们每个人的立身之本，是我们学习好、工作好的保证，是个人和家庭生活幸福的前提。为此，我们要牢固树立"健康第一位"的理念，带头倡导科学、健康的生活方式，自觉从我做起、从现在做起，重视健康，增强保健意识，树立一种全新的健康理念，积极做一些有益于健康的活动和运动，建立防患于未然的健康管理体系，把"健康第一"理念深入落实到我们的工作、学习之中。

2. 坚持健康的生活方式。健康的生活方式对于人们的身体和心理健康都非常重要，它包括健康饮食、适量运动、保持良好心态、保证充足的睡眠、讲究日常卫生等。通过坚持健康的生活方式，可以预防和控制多种慢性非传染性疾病，如心脑血管病、恶性肿瘤、呼吸系统疾病、糖尿病等。此外，健康的生活方式还可以帮助我们提高工作效率、改善睡眠质量等。因此我们应该积极采取健康的生活方式，保持身体和心理的健康。

（1）定时定量饮食。要尽量保持饮食规律，避免暴饮暴食。应该多吃新鲜的蔬菜和

水果，而少食高脂肪、高糖食品和加工食品。同时，适量摄取蛋白质和碳水化合物也很重要。

（2）保持适量运动。应每周进行适度的有氧运动和力量训练，如散步、跑步、游泳等。这些运动能促进心血管健康、增强肌肉力量和维持体重。

（3）保证充足的睡眠。睡眠是身体恢复和修复的重要时段，而成年人每天应保证7~9小时的睡眠。因此，我们要培养规律的作息习惯，避免熬夜，并减少使用电子设备的时间。此外，创造一个安静、舒适的睡眠环境也是至关重要的。

（4）避免不良嗜好。吸烟和饮酒都会对健康产生不良影响。如果在戒除不良习惯方面遇到困难，不妨寻求专业的帮助。

3. 坚持做好常态化健康检查。一般情况下，人们都会等到疾病的症状已经出现时才会想到去看医生，然而大部分的慢性疾病，若在临床期之前发现，治疗效果会远比症状显现后再治疗要好。所以，我们要正确认识健康检查的重要性，有计划地做好常态化个人健康检查，确保身体健康得到有力保障。

（1）按时体检，早期发现潜在疾病。在病情未表现出严重症状时及早干预和治疗，可以降低治疗难度，提高治愈概率，减少痛苦，延长寿命。

（2）相信科学，避免主观臆断。没有明显的不舒服，不等于健康。许多人在疾病初期甚至中期时，可能没有任何不适。正因如此，我们不要过于相信自己的主观感觉，而是需要通过体检及早发现疾病。很多年轻人都自认为身体很健康，但经检查，已经有某些疾病的征兆了。

（3）深入分析，量身定做体检套餐。脑力工作者要多关注心脑血管疾病和亚健康状态；中老年人要关注血压、血糖、血脂检测，关注CT、胃肠镜、早期肿瘤的监测等。

（4）定期体检，建立个人健康档案。根据体检结果，一旦发现异常，及时咨询医生，根据情况选择有针对性的专科检查，及时发现疾病。

（二）做好个人安全第一责任人

生命只有一次，所以显得愈发珍贵。同样，安全与每个人都息息相关，安全问题也不

第十四单元　坚守安全底线

容小觑,因此提高安全意识,筑牢安全屏障,做到"行万事先想安全"是建设平安社会、平安中国的先决条件。

1. 提高安全风险防范意识。要保证个人安全,首先需要提高自身的安全风险防范意识,只有意识到安全的重要性,我们才会在日常生活中关注并采取措施来保护自己。无论是出行、工作还是生活,我们都应该时刻关注周围的环境和可能存在的风险。将安全牢记心中,加强自我防范,杜绝安全隐患。

2. 严格遵守社会规章制度。遵守社会规章制度是保护自己和他人安全的基础。每个人都应当了解并遵守,包括交通规则、消防安全规定、财产安全管理措施等规章制度。通过严格规范自己的言行,有效规避各种风险隐患,共同维护社会的安全稳定。

3. 加强安全风险防范。在日常生活和工作中,我们应该加强自我保护,以应对可能发生的危险情况,比如防诈骗、防欺凌暴力、防火、防溺水;关注食品卫生、交通安全;学会逃生自救、规避极端风险等。

4. 倡导宣传安全文化。"安全无小事,平安千万家",只有安全得到有效保障,才有幸福美满的生活。守护安全离不开每个人的理解、支持、配合和参与,更需要我们每个人同心、同力、同向、同行。在日常生活中我们应该倡导安全文化,向身边的人宣传安全健康知识,提高全社会的安全健康意识,积极参与各种安全健康活动,为创造一个更加安全、健康的社会贡献自己的力量。

三、项目训练:健康安全大家说

训练内容:

1. 讲述身边的健康事件,深入分析发生的原因,制订一份个人健康管理方案。

2. 发现生活中存在的安全隐患,制作PPT进行展示,同时提出防范该安全问题的方法并进行交流研讨。

训练目的：

1. 通过讲述健康事件引起全体同学对个人健康重要性的认识。结合自己的实际，分析当前环境下我们的健康所面临的挑战。通过制订个人健康管理方案增强对自己身体健康情况的认识，达到合理保障自身健康的目的。

2. 通过发现周边安全隐患，让大家意识到安全问题处处存在，提高发现身边安全隐患的意识。通过PPT展示讲解达到警示教育的目的，让大家从思想上重视安全，从行动上防范安全。

训练要求：

1. 对所有人员进行分组，每组3～5人，选出小组长。

2. 分解任务，分别完成各分解任务。

3. 小组内进行任务安排，制订任务落实方案，进行详细任务分工，确保每位同学都参与进来。

4. 分组相互进行评分。

项目 28　坚守信息数据安全底线思维

一、项目案例：树立网络安全意识　扛牢信息数据安全责任

案例 1

淘金要有底线

2023年5月，上海普陀分局网安支队接到某提供导航服务的公司报案称，发现有人利用技术手段盗取公司服务器内全国的导航地图信息数据，并在论坛中售卖，导致公司直接经济损失约21万元。

警方迅速开展侦查工作，成功锁定就职于一家数据科技公司的犯罪嫌疑人张某齐，发现张某齐售卖的盗版数据均来自其所就职公司的数据库。该公司自2021年7月起从事大数据分析业务，主要根据客户需求出具分析报告，并提供营销分析、运营分析、产品分析等服务。警方经进一步侦查发现，在该公司实际控制人张某某的指使下，公司技术负责人吕某昌和技术员张某齐编写"爬虫"程序，对目标平台的数据进行非法获取，通过分析盗版数据出具分析报告以非法牟利。

目前，犯罪嫌疑人张某某、吕某昌、张某齐、丘某平因涉嫌非法获取计算机信息系统数据罪被警方依法采取刑事强制措施。据张某齐交代，其因工作需要，通过论坛搭识网络工程师丘某平，并在丘某平处购买了相关技术服务。两人在未经授权的情况下，盗取平台数据约2 000万条。此外，张某齐为进一步非法牟利，私自将非法获取的盗版数据于论坛上售卖。

案例 2

获取信息的手段要合法合规

2023年，杨某某因与郑某发生感情纠纷，于是通过网络购买了定位器，并将定位器安装在郑某所驾驶的汽车上，之后杨某某利用自己掌握的对方轨迹信息，采取将对方汽车锁住、发送信息等方式，要求与郑某重归于好。后郑某报警。常熟市公安局接到报警后，对此案立案侦查。警方从杨某某的手机上查获，杨某某共非法获取该车辆轨迹信息约50条，定位点约170个。因犯罪嫌疑人杨某某的行为已触犯了《中华人民共和国刑法》第二百五十三条之一的规定，涉嫌侵犯公民个人信息罪，常熟市公安局对其采取刑事强制措施，并移送检察机关起诉。

二、项目启示：坚守底线思维，维护信息安全

随着信息化建设的推进，信息资源成为重要的生产要素和社会财富，而在各类信息资源中，个人信息的价值日益凸显。与此同时，个人信息的泄露问题日益严重，个人信息安全成为全社会高度关注的问题。侵犯公民个人信息犯罪，不仅严重危害公民个人信息安全，而且与电信网络诈骗等犯罪存在密切关联，社会危害日益突出。《中华人民共和国刑法》《中华人民共和国民法典》《中华人民共和国网络安全法》《中华人民共和国个人信息保护法》等都强调了对公民个人信息的保护，尤其是对事关他人财产、人身安全信息的保护。作为大学生，面对个人信息和数据安全问题，我们应该如何应对呢？

（一）充分认识数据信息安全面临的挑战

1. 数据贩卖严重侵害个人隐私

目前，数据贩卖已成为大数据产业的灰色地带，个人信息倒卖黑市猖獗，对个人人

身、财产、生命安全造成了极大危害。数据贩卖的手段有：外部攻击者利用"爬虫"等技术窃取并倒卖个人数据；"内鬼"常成为非法数据交易链源头；平台之间实施暗箱操作，通过数据兜售进行数据商业变现。

2. 数据跨境流动带来国家安全隐患

在大国博弈持续加剧的今天，数据作为国家重要的生产要素和战略资源，其日益频繁的跨境流动带来了潜在的国家安全隐患。一是流转到境外的情报数据更易被外国政府获取；二是我国战略动作易被预测，陷入政策被动；三是我国以数据为驱动的新兴技术领域竞争优势将被削弱。

3. 高价值特殊敏感数据泄露风险加剧

近些年，除电子商务、社交等领域的用户数据发生大规模泄漏之外，政务、医疗及生物识别信息等高价值特殊敏感数据，逐渐成为数据泄露的重灾区。原因有三：一是政务数据具有极高的社会和经济价值，黑客将其作为攻击目标可获得更高的利益回报；二是健康医疗数据具有高度隐私性和稀缺性，成为攻击者的关注重点；三是生物识别数据具有易采集和特征敏感性，成为攻击者的主要目标。

4. 重要数据安全面临外来攻击威胁加大

具有政治背景的境外黑客逐渐加大对我国关键信息基础设施的攻击力度，试图获取我国机密重要数据。

5. 新技术新应用催生新型数据安全风险

新技术新应用在极大促进生产力发展和人民生活便利的同时，也带来了安全方面的不确定性。

6. 互联网平台企业滥采滥用个人信息并实施数据垄断

当前，由于互联网平台企业的业务大都由数据驱动，数据成为平台企业发展和营利的核心引擎。基于数据收集使用创新商业营收模式，实现利益最大化，成为各个平台企业追逐的商业目标，由此也引发了个人信息滥采滥用程度加重、数据垄断乱象频发的现象。

(二)加强信息数据泄露风险的防范

1. 完善数据的信息安全保障体系

数据的信息安全不仅需要政府制定法律法规进行保障,还需要全社会严格遵守相关法规,才能对大数据的生命周期做好安全防护工作。

2. 加强安全意识培训

保护数据安全不仅仅是政府和单位的责任,也是每个公民应尽的义务。对于任何单位来说,员工都是最后的数据安全防线。定期开展安全意识培训可以帮助大家识别威胁,了解安全法规,并学习如何应对风险。

3. 强化信息存储和传输的安全保障

目前,各单位的日常工作越来越依靠信息系统的支撑。各类系统中保存着大量的业务数据,这些数据是业务发展的重要资源。个人和机构管理员应不断加强管理和维护计算机网络,掌握大数据环境中的安全功能,增强信息存储和传输的安全保障。

4. 做好敏感字眼保密

针对在必须公开的材料中涉及公民隐私信息的情况,应遵循"可不放的一定不放,该脱敏必须脱敏"的原则;在办理店铺会员、填写收货信息时,如果非必要实名制,可以选择昵称代替;在授权手机应用软件相关权限时,一定要仔细查看通知的内容,对于使用该软件没有必要的权限要进行关闭;在公开平台上发布内容前,一定要检查是否含有个人信息等。

5. 数据备份与恢复

为了降低数据泄露事件造成的影响和损失,企业还应该建立有效的数据备份和恢复系统,在数据泄露事件发生时能够快速恢复受损数据,防止关键业务系统的运行中断。

(三)增强个人隐私保护意识

网络时代,个人信息极易泄露。我们需要时刻警惕,避免因个人信息泄露而遭受钱财等重大损失,加强个人信息保护意识,一旦发生个人信息泄漏,要第一时间换账号、更改密码。若在信息泄漏后发现资金受损,要立即冻结银行卡,保留短信内容,并及时报警。

1. 加强网络安全法制知识学习

为了提高网络安全防范意识，我们应全面了解国家关于互联网的法律法规，主动了解网络知识，遵守网络道德，自主接受网络道德与网络安全教育。形成良好的网络使用习惯，培养基本网络素养和辨别不良信息的能力。

2. 加强自身信息的保护

在日常学习生活中，要加强对网络安全的基本理论知识和系统安全策略的学习，如对加密解密算法、防火墙工作原理和作用、系统漏洞及修补方法、病毒处理等知识的学习，以此保证个人电脑信息的安全，防止信息泄露。

3. 增强辨别能力和应对处置水平

一是不要轻易相信互联网上中奖之类的信息；二是不要轻易安装互联网上来历不明的情商、智商、交友测试软件；三是不要轻易用自己的手机号码在网上进行注册；四是不要轻易相信网上公布的快速致富的窍门。通过习惯培养，不断强化自己是网络安全第一责任人的理念，达到知行合一、重在于行的境界。

（四）树立底线思维，维护网络安全

大数据时代，随着数据化、网络化、智能化对信息交流方式的改变，公民个人信息的地位和重要性不断提升。使用非法手段大规模收集、利用、出售公民个人信息以谋取利益的行为，轻则将被追究民事责任，重则将承担刑事责任。我们在保护自己信息数据安全的同时，切勿因贪图便宜、牟取非法利益而参与各类信息数据贩卖等违法活动，要坚决抵制危害网络安全行为，营造风清气正的网络运营环境。

三、项目训练：信息安全常识自我测评

> **训练内容：**
> 进行信息安全意识评估测试。

训练目的：

1. 深入了解自身对信息数据安全知识的掌握情况。

2. 发现在信息数据安全意识方面存在的薄弱环节。

训练题目设置：

1. 以下可能会造成信息泄露的是（　　）。

A. 将贵重物品、含有机密信息的资料锁入柜中

B. 在公共场合谈论公司信息

C. 复印或打印的资料及时取走

D. 离开时，对所使用的电脑桌面进行锁屏

2. 对于要替换下的用于储存重要文件的硬盘，处理稍有不慎就会产生泄密隐患。以下对要替换硬盘的处理方式中相对安全的是（　　）。

A. 选择需要删除的文件并删除

B. 对硬盘进行格式化

C. 替换下后对该硬盘进行物理销毁

D. 使用文件粉碎软件销毁该硬盘内的文件

3. 重要数据要及时进行（　　），以防出现意外情况导致数据丢失。

A. 杀毒

B. 加密

C. 备份

D. 格式化

4. 注册或者浏览社交类网站时，不恰当的做法是（　　）。

A. 尽量不要填写过于详细的个人资料

B. 不要轻易加社交网站的"好友"

C. 充分利用社交网站的安全机制

D. 信任他人转载的信息

5. 生活中我们不可避免地要使用到公共Wi-Fi，如果需要使用，相对安全的操作是（　　）。

A. 不要使用公共Wi-Fi进行转账、支付等操作

B. 使用公共Wi-Fi安装各种软件

C. 使用公共Wi-Fi访问网页

D. 使用公共Wi-Fi点击收件箱中邮件的链接

6. 公司使用多年的打印机报废后，对其正确的处理方式是（　　）。

A. 直接扔掉

B. 给打印机公司回收，换购新的打印机

C. 采取措施销毁存储设备以防止泄密后，再行处置

D. 堆放在公司库房

7. 以下不属于弱密码的是（　　）。

A. 8693210

B. password

C. 19901102

D. 483Na@1a

8. 当你收到一封含有链接信息的邮件时，以下链接中相对安全的是（　　）。

A. 收到一封广告邮件，里面有链接信息，点击可查阅广告内容

B. 收到一封陌生地址发来的邮件，内容为乱码，含有链接信息

C. 收到一封银行发来的邮件，称查询协议即将到期，点击链接更新协议

D. 在一个正规网站上注册，为了确认身份，该网站向你的邮箱发送了一个链接，点击链接方可完成注册

9. "找回密码"是一个关键的邮箱安全设置，以下问题中相对安全的问题是

(　　)。

A. 你的生日是几月几日

B. 你的出生地是哪里

C. 你小学时最好的朋友叫什么

D. 你有几个兄弟姐妹

10. 下列关于下载安全的建议中正确的是(　　)。

A. 选择资源丰富的网站下载

B. 关闭杀毒软件,提高下载速度

C. 下载完成后直接打开下载的文件

D. 下载软件时,最好到软件官方网站或者其他正规软件下载网站下载

主要参考文献

［1］陈守森、耿晓燕.IT职业素养［M］.4版.北京：清华大学出版社，2020.

［2］程社明.你的船　你的海：职业生涯规划［M］.北京：企业管理出版社，2023.

［3］庄明科，谢伟.职业素养入门与提升［M］.北京：北京理工大学出版社，2009.

［4］罗俊英.零压力：最实用的情绪管理课［M］.北京：中国华侨出版社，2012.

［5］唐朝.用感恩的心去工作［M］.2版.北京：中华工商联合出版社，2012.

［6］杨建峰.善待自己［M］.汕头：汕头大学出版社，2014.

郑重声明

高等教育出版社依法对本书享有专有出版权。任何未经许可的复制、销售行为均违反《中华人民共和国著作权法》，其行为人将承担相应的民事责任和行政责任；构成犯罪的，将被依法追究刑事责任。为了维护市场秩序，保护读者的合法权益，避免读者误用盗版书造成不良后果，我社将配合行政执法部门和司法机关对违法犯罪的单位和个人进行严厉打击。社会各界人士如发现上述侵权行为，希望及时举报，我社将奖励举报有功人员。

反盗版举报电话 （010）58581999　58582371
反盗版举报邮箱　dd@hep.com.cn
通信地址　北京市西城区德外大街 4 号　高等教育出版社知识产权与法律事务部
邮政编码　100120

教学资源服务指南

高等教育出版社

仅限教师索取

感谢您使用本书。为方便教学，我社为教师提供资源下载、样书申请等服务，如贵校已选用本书，您只要关注微信公众号"高职素质教育教学研究"，或加入下列教师交流QQ群即可免费获得相关服务。

"高职素质教育教学研究"公众号

最新目录
样书申请
资源下载
写作试卷
线上购书

师资培训　教学服务　教材样章

资源下载：点击"**教学服务**"—"**资源下载**"，或直接在浏览器中输入网址（http://101.35.126.6/），注册登录后可搜索下载相关资源。（建议用电脑浏览器操作）
样书申请：点击"**教学服务**"—"**样书申请**"，填写相关信息即可申请样书。
样章下载：点击"**教材样章**"，可下载在供教材的前言、目录和样章。
师资培训：点击"**师资培训**"，获取最新直播信息、直播回放和往期师资培训视频。

联系方式

职业素养和创新创业教师交流QQ群：310075759
联系电话：（021）56961310　电子邮箱：3076198581@qq.com